edition suhrkamp 2411

Patrick Roths »wundervolle Erzählungen«, schreibt Hubert Winkels in der *Zeit*, »entfalten einen enormen Sog beim Lesen«. In diesen Poetikvorlesungen geht der Erzähler Patrick Roth seinem Schreiben nun auf den Grund. Ausgangspunkt ist ihm der Stoff, aus dem die Träume sind, die aus dem Unbewußten zugekommene »materia«, die er durch die Arbeit am literarischen Werk realisiert. Das Unbewußte mit dem Bewußten, das Numinose mit dem Individuellen, das Zeitlose mit dem ganz und gar Zeitlich-Alltäglichen in lebendige Beziehung zu setzen – das ist der Prozeß des Schreibens, dem hier mit poetischer Genauigkeit und Dichte nachgegangen wird. Vorstellungen der Alchemie und der Tiefenpsychologie dienen als Wegweiser auf dieser Passage durch die Erfahrungsräume von Literatur und Film hin zum Ort des Schreibenden, zur »Stadt am Meer«.

Patrick Roth, geboren 1953, lebt in Santa Monica, Kalifornien. Zuletzt erschien sein Erzählungsband *Starlite Terrace* (2004).

Foto: Armando Gallo

Patrick Roth
Zur Stadt am Meer

Heidelberger Poetikvorlesungen

Suhrkamp

edition suhrkamp 2411
Erste Auflage 2005
Originalausgabe
© Suhrkamp Verlag Frankfurt am Main 2005
Alle Rechte vorbehalten, insbesondere das
der Übersetzung, des öffentlichen Vortrags sowie
der Übertragung durch Rundfunk und Fernsehen,
auch einzelner Teile.
Kein Teil des Werkes darf in irgendeiner Form
(durch Fotografie, Mikrofilm oder andere Verfahren)
ohne schriftliche Genehmigung des Verlages reproduziert
oder unter Verwendung elektronischer Systeme
verarbeitet, vervielfältigt oder verbreitet werden.
Satz: Jung Crossmedia Publishing, Lahnau
Druck: Nomos Verlagsgesellschaft, Baden-Baden
Umschlag gestaltet nach einem Konzept
von Willy Fleckhaus: Rolf Staudt
Printed in Germany
ISBN 3-518-12411-0

1 2 3 4 5 6 – 10 09 08 07 06 05

Zur Stadt am Meer

*Dianne Cordic
und
Eva Wertenschlag-Birkhäuser
gewidmet*

I

IM AUGENBLICK

> Das Hohelied spricht von der
> ›Liebe... stark wie der Tod‹,
> eine Anspielung darauf, daß
> die *coniunctio* außerhalb der
> Zeit steht.
>
> *Edward F. Edinger*

Nachdem es mir achtzehn Jahre lang so gut wie verschwunden, jedenfalls auch im Gespräch kaum je aufgefallen oder sonst in Erinnerung gebracht worden war, kam Thornton Wilders 1938 uraufgeführtes Stück »Our Town« – »Unsere kleine Stadt« – kürzlich gleich dreimal am selben Tag von verschiedenen Seiten her auf mich zu. Kam zu mir zurück. Wie eine Frau, die gnädig Einsehen hat, daß man vor Jahren zu jung war, Einsicht zu haben.

Es war am Morgen in meinem Café. Dexter, ein alter Obdachloser, erwähnte das Stück als erster. Wir hatten gerade von Grace Kelly geredet. Da behauptete Dexter, er sei mal – vor über fünfzig Jahren als Schauspielschüler der »American Academy of Dramatic Arts« – auf die Bühne gerufen worden, eine Szene mit einer Mitschülerin zu proben. Die Neunzehnjährige: sei Grace Kelly gewesen. Andere im Café wandten sich schon ab, glaubten Dexter kein Wort, da sah ich den Ansatz für eine Geschichte und fragte Dexter: »Aus welchem Stück denn?« – Er: »Was für ein Stück?« – Ich: »Die Szene, die ihr geprobt habt, aus welchem Stück soll die gewesen sein?«

Hier also fiel der Titel nach langer Zeit zum ersten Mal wieder. »Our Town«. Aber ich registrierte ihn nur als Detail, das zunächst austauschbar war. Abends wollte ich mir die DVD von Hitchcocks »Rear Window« (»Das Fenster zum Hof«) ansehen – Grace Kelly wegen –, schob die Bücher von der Fernsehcouch und hatte plötzlich eine CD von »Unsere kleine Stadt« in der Hand. Eine Hörspiel-CD, die ich mir beim letzten Deutschlandbesuch gekauft – und gleich wieder vergessen hatte.

Was ich dann hörte, war 1945, ein halbes Jahr nach Kriegsende, von Helmut Käutner inszeniert und von »Radio Hamburg«, einer »station of the Allied Military Government«, gesendet worden. Seltsam, wie sich, beim Zuhören im Halbdunkel meines Wohnzimmers in Los Angeles, Perspektiven gewisser Ruinen einstellten, in denen wir als Kinder in Karlsruhe Versteck gespielt hatten. Als hätte es solche Ruinen auch in Grover's Corners gegeben, jenem Kaff, dessen Alltagsszenen Käutner, als Spielleiter des Stücks, gerade lässig auf der CD kommentierte. Warum wollten britische Offiziere damals, daß sich die Deutschen das anhören, dachte ich und hörte weiter.

Käutner stellte anfangs zwei Familien vor, die Webbs und die Gibbs, Nachbarn in Grover's Corners. Schon im ersten Akt fielen mir zwei, drei Szenen auf – kurze Gespräche zwischen der Webb-Tochter Emily und dem Gibb-Sohn George –, die Grace Kelly und Dexter damals geprobt haben könnten. Verstehen Sie: Ich war ja noch beim Ausgraben einer möglichen Geschichte.

Wilders zweiter Akt spielt drei Jahre später: Emily und George heiraten. Die übliche Aufregung vor der Kirche, Beruhigung in letzter Minute, Trauung. Auch wird im Rückblick jene Szene eingeholt, die über die Zukunft der beiden jungen Leute entschied: Ein Gespräch zwischen Emily und George auf dem Nachhauseweg von der Schule, das dann im Ice-Cream-Parlor endet, wo George für beide strawberry ice-cream sodas bestellt und sie einander schließlich gestehen, daß sie sich ein Leben ohne den anderen nicht vorstellen können, nicht vorstellen wollen.

Im dritten Akt, dem letzten, sind neun weitere Jahre vergangen. Die Szene spielt auf dem Hügel vor Grover's

Corners, dem Friedhof. Ich werde vom Stück überfahren. Emily ist gestorben. Ihre Beerdigung findet gerade statt. Sie tritt zu den anderen Toten, die hier längst warten. Hier warten worauf? Auf etwas Großes, sagen die Toten. Sie warten hier auf dem Friedhof, bis das Andere dann eintreffe, sie ganz holen werde. Jedenfalls schenkt man den Lebenden, den Trauernden, schon kaum mehr Aufmerksamkeit. Emily spricht mit der Mutter von George, die schon vor Jahren starb und die auch hier wartet, geduldig wartet. Mutter Gibbs verspricht Emily, die junge Tote werde die Welt der Lebenden bald schon vergessen haben. Das sei auch besser so.

Die Stimmen von Käutners »Toten« klingen, als hörte man sie am anderen Ende der Telefonleitung. Mich erinnert es an Träume, in denen man manchmal mit Längst-Toten »Verbindung hat«. Drüben, am »anderen Ende«, sind sie so gut hörbar, daß man sie gleichsam vor sich sieht und erst nach dem Aufwachen etwas wehleidig erkennt, daß man ja »nur am Telefon« mit ihnen gesprochen hatte.

Ich breche hier vorzeitig ab, um das Stück nochmals kommen zu lassen. Ich war nämlich, noch ziemlich benommen vom letzten Akt des Hörspiels und dem Schluß, aus dem Apartment gegangen, die Treppe hinab, um meine Post aus dem Briefkasten zu holen. Bis zu diesem Zeitpunkt, muß ich gestehen, war mir lediglich ein »großes Stück« wieder gegenwärtig geworden, eine »tolle Inszenierung«, auch Hörspiel-Nostalgie. Ich hatte's konsumiert, *thank you very much*. Im Briefkasten dann Reklame, Rechnungen und – ein Päckchen von Showtime, einem Pay-TV Kanal. Es war eine Videokassette, eine »review-copy«, von »Our Town«. Man hatte die Broadway-Produktion, hieß es in der Beilage, die ich noch auf der Treppe las, vor ein paar Monaten mit Paul Newman als »Spielleiter« in New York aufgezeichnet.

Das war das dritte Mal.

Und hier endlich verstehe ich, nein, zunächst: *sehe* ich, kann nicht umhin zu sehen – es spielt sich ja alles »vor mir« ab, auf dem Bildschirm vor mir ab –, was ich im Hörspiel nur ungenau mitgehört hatte, nicht konsequent genug mitgestaltet, nicht dreidimensionale Gestalt hatte annehmen lassen.

Es ist die Szene im letzten Akt, die Szene auf dem Friedhof, als beide Welten, beide auf *einer* Bühne, nebeneinanderstehen. Hier die Stühle, auf denen die Toten warten, ihre Gesichter allesamt ein wenig seitwärts, weg von den Lebenden orientiert, und daneben die Gruppe der Trauernden, die Emilys Sarg zu Grabe tragen. Emily sitzt schon bei den Toten, wird hier begrüßt und, zwei Schritte weiter, von der Trauergemeinde bejammert – und ich, allein vor dem Bildschirm, also gleichsam draußen im Zuschauerraum, sitze in einer dritten Welt, von der aus ich beide jetzt sehe, beide Welten: die der Lebenden und die der Toten, beide als einander nahezu unbewußt erkenne, Schattentäler beide, nämlich in ihrer Geschiedenheit voneinander, in ihrer Blindheit voreinander. Und doch, paradox, nebeneinander stehen die Gegensätzlichen, sind auf dieselbe Bühne gebannt.

Und dann, plötzlich, gegen den ausdrücklichen Rat der anderen Toten, bittet die jungverstorbene Emily, die das Getrenntsein zwischen den Welten nicht aushält, den Spielleiter, einen Tag ihres Lebens noch einmal leben zu dürfen, und wählt ihren 12. Geburtstag. Emily sieht ihrer Mutter zu, wie sie Frühstück macht fürs Geburtstagskind, ihr ein paar Geschenke überreicht, den Vater herbeiruft, dabei auf dem Herd, wie man sagt, nichts anbrennen läßt.

Hier wird Emily vollends bewußt, was es heißt, den Tag nicht nur noch einmal leben zu dürfen, sondern ihn *bewußt* zu erleben, das heißt, im Bewußtsein, daß all das längst vorüber ist. Sie versucht – da ist der Moment, auf den ich hinerzählt habe, der Moment, den ich sehen sollte, hier, was ich *leben* sollte: Emily versucht, die ganz im Alltag verhaftete Mutter anzuhalten. Sie will, daß sie einmal herschaut zu ihr, länger herschaut, sie – Emily – zu *sehen*, jetzt zu erkennen, daß *sie* es ist. Ich zitiere die Worte, die Emily da spricht: »Mama, schau mich doch einmal an. So als wenn du mich *wirklich* sähst. Mama, vierzehn Jahre sind vergangen, ich bin tot. Du, Mama, bist Großmutter. Ich habe George geheiratet, George Gibbs, Mama. Wally ist auch gestorben. Es war schrecklich für uns, erinnerst du dich nicht? Aber gerade jetzt sind wir für eine Weile alle beisammen, gerade jetzt sind wir eine Weile glücklich, Mama. Einer soll den anderen *ansehen* jetzt.«

Und Mrs. Webb, Emilys Mutter, summt vor sich hin, ja lacht nun sogar über etwas, das ihr einfällt, wendet sich Emily zu – und plappert weiter. Kurz darauf bricht Emily ab, ihren Wunsch ab, ihr Wiedersehen ab. Sie sagt: »Ich kann nicht. Das geht alles zu schnell. Wir haben nicht einmal Zeit, uns anzusehen. Ich hab mir das nicht so vorgestellt. So also war das. Und wir hatten es nie bemerkt.« »I didn't *realize*«, sagt sie im Amerikanischen. »So *all* that was going on and we never noticed!« Da läßt sich Emily vom Stage Manager, dem Spielleiter, ein paar Schritte nach links zu den Toten zurückführen.

Aber nochmals zu diesem Moment, um den es mir geht, als Emily verzweifelt sagt: »Schau mich doch einmal an. So als wenn du mich *wirklich* sähst (...) Einer soll den anderen ansehen jetzt.«

Ich frage mich, wie man Emilys Wunsch – es ist ein uns allen zunächst unbewußter Wunsch, so unbewußt, daß Wilder die Worte eine Tote sprechen läßt –, wie man einem solchen Wunsch, vom anderen wirklich gesehen zu werden, »jetzt«, noch im Leben, nachkommen könnte; und was er denn eigentlich bedeutet. »Sehen« wir denn nicht immer, werden nicht immer »gesehen«, jetzt zum Beispiel, hier in diesem Saal, jetzt, auf diese Seiten blickend?

Aber *solches* Sehen würde der toten Emily nicht genügen. Nicht darum bittet sie. Sondern um ein Angesehenwerden, »jetzt«, in vollem Bewußtsein, worauf dieser »Augen-Blick« gründet.

Worauf er gründet, ist, im Deutschen zumindest, noch etymologisch aufzudecken. Unser Adverb »jetzt« trägt in den ersten beiden Buchstaben, im »je«, noch Erinnerung ans germanische »*aiwin« (gotisch »aiw«): »jemals, immer«. Das Wort, lese ich, ist eine Kasusform zu germanisch »*aiwi-« (gotisch »aiws«): »Zeit, Ewigkeit«. »Je« ist mit »ewig« auf die gleiche Grundlage zurückzuführen; unser »ewig« verwandt mit dem altgriechischen αἰών (aion), dem Wort für »Lebenszeit, Zeitalter« und »Ewigkeit«.

Das klingt im »jetzt« noch mit, und darauf soll er gründen, der Augenblick – der Blick der Augen »jetzt« –, die Ewigkeit darin einsehbar werden. Das hätte Emily zu geben, das gab sie nie, das wünscht sie sich jetzt. Das sollte er bringen, der Augenblick. Das soll gesehen werden, wenn man sich wirklich ansieht.

Aber das so zu sehen – *so* zu *sehen* –, scheint den Lebenden derart fremd geworden, daß es eine Tote wieder einklagen, daß es bei Wilder erst eine Tote *realisieren* will. Daß es nämlich so ist: Die Lebenden, »they're sort of shut up in little boxes, aren't they?«, wie Emily es vom Grab aus sieht. Wie in Kistchen, wie in kleine Särge gesperrt, sieht sie uns, eingeschlossen, diese »Lebenden«, die sich nicht mehr auf den Augenblick verstehen, sich nicht mehr wirklich ansehen können. Denn so ein Augenblick, der aufs Ewige durchsieht, wäre Wiedersehen – noch vor der Trennung. Auferstehung vor dem Tod.

Der Augen-Blick, den Emily sich wünscht, ist Wiedererkennung. Alle Wiedererkennungsszenen, alle Bilder der Rückkehr, Heimkehr, gründen auf ihm. Ein Kreis: tief innen wird er geschlossen: »Jetzt« weiß man, daß es ihn gibt; daß das Zusammengehören Wirklichkeit ist. Man hat die Ankunft berührt – in einem Augenblick.

Es war sicherlich schon nach Mitternacht, die Videokassette, die ich mir ansah, das Tape von »Our Town«, ging dem Ende zu, da sprach das Stück noch einmal anders zu mir. Es war, als schätze es mein Mitgefühl für Emily – die von ihrem angebrochenen 12. Geburtstag, von ihrer Familie, von dieser Welt der Lebenden sich endgültig abgewandt, soeben (rhetorisch naiv, aber desto liebevoll-mitreißender) Abschied genommen hatte (»Goodbye, world!« [...] »Goodbye to clocks ticking«) –, es war, als schätze Wilders Stück in diesen letzten Minuten mein Mitgefühl überhaupt nicht. Als sage es: »Jaja, das große Goodbye, die Heulszene, typisch, du hast mitgeschluchzt, wo die meisten feuchte Augen bekommen. Aber wenn du dich jetzt nicht zusammenreißt, hast du letztlich nur einen »good cry« gehabt, die Tränensäcke geleert, *thank you very much*, nur: überhaupt nichts verstanden. Jetzt sieh her, jetzt geschieht das Geheimnis.«

Es war nämlich längst still geworden auf dem Friedhof. Die Trauergemeinde, die Emily begraben hatte, war heimgegangen, längst schon zu Hause, unten in Grover's Corners. Die Toten saßen ruhig auf ihren Stühlen, Emily wieder auf dem Stuhl an der Ecke der Gruppe, neben Mutter Gibbs. Man sah sich den Nachthimmel an, plapperte über diesen, jenen Stern, Entfernungen, das Wetter und, etwas schadenfroh, über die große Enttäuschung, die Emilys Besuch ihr bei den Lebenden eingebracht hatte. Da sehe ich, wie Emily, die eigentlich mit den anderen in dieselbe Richtung blicken sollte, im Augenwinkel etwas erhascht. Auch ich – ich da draußen, im Zuschauerraum meines Wohnzimmers kurz nach Mitternacht an der Westküste der Vereinigten Staaten – sehe etwas, sehe einen Einzelnen die Bühne betreten...

Es ist George, sehe ich. Emily sieht ihn. Und ich denke: »Was will denn der noch hier? Es ist doch schon alles vorbei, seine Frau längst begraben.« George kommt ziemlich weit vor, zur Mitte der Bühne hin. Keine Angst, er sieht die Toten nicht. Sie sehen ihn auch nicht. Sie sehen, wie ich schon sagte – manche etwas eingebildet, geradezu besserwisserisch –, in die andere Richtung, in Richtung »Großes Ereignis«. Aber da kommt eben nichts. Noch nichts. Jedenfalls jetzt nichts. Das einzige Ereignis ist dieser Einzige, Einzelne, der da noch kommt, den Hut in der Hand. Er kniet vor Emily hin und fällt langsam vorwärts, Gesicht nach unten, zu Boden, aufs Grab. Auch sein Weinen: ganz haltlos, konvulsiv. »Goodness!« rügt eine der Toten, »That ain't no way to behave!« – »So benimmt man sich aber nicht!« Man gibt Emily den Rat, gar nicht erst hinzuschauen. Das Stück ist so gut wie zu Ende, da... – da schaut sie noch einmal her. Emily.

Und diese beiden, die in völlig verschiedene Richtungen blicken – sie, verstohlenen Blicks nach unten zu ihm, und er, der sich weggestohlen, von der längst heimgekehrten Trauergemeinde, der »community«, weggestohlen hatte, hierher zurück an ihr Grab zu kommen –, diese beiden ... diese beiden wissen sich nicht »zu benehmen«. Und daher – und darin –: *sehen* sie einander, ohne einander zu sehen.

In diese Tragik der einen Bühne, auf der die Welten der Lebenden und der Toten, des Bewußtseins und Unbewußten, aber *getrennt* stehen; in diese höllische Sicht auf die Getrennten von meinem Stuhl im Wohnzimmer aus, wo ich unrettbar war und keine der beiden einander zu retten gewußt hätte; in diese Tragik, daß beide Welten sich den Rücken gekehrt haben, ohne einander mehr bewußt zu sein; in diesen Wahnsinn, der ja nicht aufhören will: bricht dieser ungehörige Blick Emilys. Und diese benimmlos-einsame Trauer von George.

Dieser Augenblick, vielleicht wiegt er sie alle auf. Denn an seinem Blick entlang spinnt sich ein Faden, hält sich ein Faden hinüber in beide Welten. Den glaubte ich da zu sehen. Das Geheimnis, das Lebende und Tote teilen, bestünde darin: in einem solchen Akt Einzelner, die sich wegstehlen zueinander, füreinander, in ein Anderes; in einem solchen Akt, der durchaus als Bild auch sonst in unser Leben hineingetragen werden könnte, am konkreten Ort ja nicht haften bleiben soll.

Denn es gibt keine Trennung zwischen den Welten, das ist das Geheimnis. Die Trennung ist nicht total, der »Benimm« nicht perfekt. Etwas geht unsicher hin und her, bindet noch, gerade noch, gefährdet, gefährlich, schwach, leugbar, übersehbar, gering, lächerlich, zufällig, kaum zu glauben; und geht grazienlos-stur, immer wieder, anonym lichtgeneigt, dunkelsüchtig, aber: »jetzt«

hin und her zwischen den Welten. Etwas hält, ungehörig, das Paar zusammen, dieses Ur-Paar: der Lebenden und der Toten. Umspinnt es mit seinem ungesicherten Faden.

An solchem Faden hängt – »augenblicklich« – die Welt.

II

TRAUM UND ALCHEMIE

> Dies ist es, was die Alchemie für die Tiefenpsychologie so wertvoll macht. Sie ist ein Schatzhaus von Analogien, die die objektive Psyche und die Prozesse, die sie in der Entwicklung durchmacht, verleiblichen oder verkörpern. Dasselbe trifft auf die Religion und die Mythologie zu. Die Wichtigkeit der Analogie für die Realisierung der Psyche läßt sich kaum überbewerten. Sie verleiht dem, was zuvor nicht sichtbar, nicht tastbar, noch nicht koaguliert[1] war, Form und Sichtbarkeit.
>
> *Edward F. Edinger*

Ein Jahr ist es her, da wurden mir und den anderen Mietern des Apartment-Komplexes im »Valley«, dem Tal im Norden von Los Angeles, in dem ich über zwanzig Jahre gelebt hatte: die Wohnungen gekündigt. Wohnungen, wie Sie sie, auch in ihrer Anordnung um den dort typischen »Innenhof mit Pool«, in »Starlite Terrace« beschrieben finden.

Es war, im Privaten, das Ende einer Ära, eines Bewußtseins, das sicherlich bestimmend gewesen war und in dem wir uns eingerichtet hatten, uns einigermaßen sicher glaubten.

Im Traum und im Märchen wird das »herrschende Bewußtsein«, das für den Träumer, wenn er morgens erwacht, das bestimmende ist, oft durch einen König dargestellt – einen Vater oder Übervater, eine Gestalt hoher Autorität, einen Präsidenten, Papst – einen Repräsentanten des kollektiv herrschenden Bewußtseins. Die Alchemie nennt diese Figur, dieses »herrschende Prinzip«, den »Rex«, also den »König«. Sie kennen das universale Motiv vom »kranken König«, vom »sterbenden König«, vom König, der sterben *muß*, sich zu erneuern, einem neuen Prinzip – einem neuen Bewußtsein, das kollektiv herrschen wird – zu weichen.

Seit der Erdbebennacht vom 17. Januar 94 – auch damals fand ein Bewußtseinswechsel statt, kam ein neues Bewußtsein, das den Alltag beherrschte, auf –, hatten sich die Bewohner meines Gebäudes enger zusammengeschlossen, kannte bald jeder jeden. Aus den Nachbarn, die bis dahin eher anonym geblieben waren – wiedererkannte Gesichter, mehr nicht – wurden Freunde. Wir hatten das Beben überlebt, jeder hatte jedem geholfen, auch war die gemeinsame Nähe – unsere Masken und Prätentionen hatte das Earthquake heruntergerissen – eine Zeitlang wenigstens ohne Falsch: Man hatte nichts voreinander zu verbergen. Die Fenster waren eingeschlagen, in jedem Zimmer lagen die Trümmer, alle Wände und Dächer hatten Risse. Wer kann da noch sein, was er – offen-sichtlich – nicht ist. Das Erdbeben war, paradox, Grundlage für ein neues Bewußtsein, einen Neubeginn, Erneuerung unserer Sicht auf die Welt und einander.

Neun Jahre danach, wie gesagt, letztes Jahr, hieß es, das Apartmentgebäude sei nun verkauft worden. Unsere Apartments sollten in Eigentumswohnungen verwandelt, noch vor unserem Auszug – gegen den wir uns natürlich wehrten – überall neue Fenster und Türen eingesetzt, die Außenwände neu verputzt, die Schutzschicht der Dächer teilweise abgezogen und frisch geteert, diverse Bäume abgeholzt, der Pool geleert, seine Wandung aufgemeißelt, zementiert und gestrichen, die Einfahrt und Parkplätze vollständig umgebaut, unsere Wohnstätte während der Frist- und Vorfristmonate also in eine einzige Baustelle verwandelt werden. Absicht der neuen Hauseigentümer war es, uns durch das entstehende Chaos noch *vor* Ablauf der Frist loszuwerden.

Und so kam es dann auch. Wir mochten uns noch so oft abends am Pool treffen, uns zu beraten, einander Mut zu machen, zukunftsgewiß planen – »Wir bleiben hier!« –, weil einer wieder mal Hoffnungsvolles von Dante gehört hatte (Dante, so hieß er tatsächlich, der Anwalt, der uns zunächst kostenlos beriet, weil er ein mögliches Verfahren gegen die neuen Eigentümer witterte). Letztlich wurde von all den Plänen und Hoffnungsprojektionen doch nur die große Abschiedsparty wahr, auch ein *hangover-garagesale* aller *must-move*-Verschworenen, der tags darauf zustande kam und niemanden reicher, aber alles etwas tragbarer machte.

Das Valley – so wurde mir damals, als ich zum Handeln gezwungen war, klar – ist mein »Tal der Schatten«, wie es das Tal auf der anderen Seite der Hügel, Hollywood, für den alten Lou Sederman, von dem ich in Frankfurt erzählt hatte, einst gewesen war. Das Valley war ... – wo man eben war, wo man lebte, allzu fraglos, »Another day in paradise!«, wie Meahan, ein Nachbar – Ire aus der Bronx, der damals für eine Speditionsfirma arbeitete –, immer sagte, wenn jemand frühmorgens, noch barfuß, in Shorts oder Badehose, mit dem Müllsack am Poolrand vorbeibalancierte, während *er*, im eng sitzenden Dreiteiler-mit-Krawatte, den Wagen vor der langen Fahrt zur harten Arbeit warmlaufen ließ. »Another day in paradise!« rief er uns zu und blickte auf seine Uhr.

Ein »Paradies« war das Valley: das heißt, ein Ort der Unbewußtheit, ein Tal, in dem man ohne weiteres nistete, die Jahre gar nicht mehr zählte, weil es eigentlich ewig so weitergehen konnte.

Man sieht das helle Tal »wie immer« vor sich – und plötzlich wird es dunkel. Alles verdunkelt sich. Soll – noch im Dunkeln – auseinandergerissen, versprengt, überschwemmt werden.

Soll *enden*.

Der »König«, dieses Bewußtsein, aus dem heraus du fraglos lebst – so umfassend ist es, daß es dir erst jetzt, da es sich verdunkelt, bemerkbar wird –, dein König stirbt.

Alles *beginnt* aber im Dunkeln. Die Alchemisten bezeichneten diese Phase ihres Werkes, ihres *opus alchemi-*

cum, als Anfang. Der Anfang, das ist die Schwärze oder Schwärzung: die *nigredo* – von der der Alchemist sagt: »Wenn du siehst, daß deine Materie schwarz wird, freue dich, denn das ist der Beginn des Werkes.«

»Freue dich«, heißt es, und die Freude – dieses »Licht«, das man da *in der Dunkelheit noch* begreifen soll, ohne von Finsternis übermächtigt und blind geschlagen zu werden –, diese Freude bezieht sich auf den Sinn des Werkes, die Richtung, die es nimmt, auf das Ziel, das alle, die »alchemisch arbeiten«, anzieht.

Das Ziel ihrer Arbeit – das Ziel ihres Lebens – nannten die Alchemisten den »Stein«, den *lapis*. *Er* ist es, in dem alle Gegensätze eins werden, ein höchster Wert, ein Numinosum – dabei ganz im Irdisch-Chthonischen aufbewahrt: Überall sichtbar ist er, der *lapis*, doch von niemandem gesehen; oder anders gesagt: von jedermann gesehen, aber von niemandem erkannt.

Der Stein ist etwas, so heißt es, das »in stercore invenitur« – und um das Lateinische ganz deutlich, abschreckend-skandalös zu übersetzen, sage ich: »Den Stein findest du im Scheißhaufen.«

Ich hätte »in stercore« mit »im Misthaufen« übersetzen können, aber dann hätten manche noch »Bauernhöfe« vor sich gesehen: Erinnerungen an die Ferien vor einem Jahr, die friedlich grasenden Kühe, die handgemalte Holztafel: »Hier gibt's frische Milch«, das »Frühstück auf der Terrasse«.

Die erste Übersetzung ist eher unverdaubar; hoffentlich auch für die, die sich von der Alchemie okkulte Strategien und Techniken zur Mehrung ihrer Macht, Macht über andere, erwarten.

Man will nicht recht hinsehen, schon gar nicht: nachsehen »in stercore«. Ja, man »dächte nicht im Traum daran«, *dort* nach etwas zu suchen.

Und doch würde ich behaupten, daß jeder, der sich an Träume erinnert, schon mal schlecht bedient wurde »dort unten«: Abscheuliches auf seinem Teller vorfand und das dann im Traum auch noch *essen* sollte.

Die Regel ist: Was einem im Traum aufgetischt wird, sollte gegessen werden – auch wenn's besonders übel aussieht. Gerade *das* sollte einverleibt, von uns verdaut, integriert werden.

In stercore invenitur.

Das heißt: der Schatz liegt im dunkelsten Dunkel. Psychologisch gesprochen: in uns selbst, im eigenen Schatten. Dort, wo wir uns innerlich hassen, verachten, für nichts achten, am schwächsten, abscheulichsten, am unmenschlichsten sind. Das ist nicht schon der Schatz; aber aus solcher *materia* – aus solchen psychischen Inhalten, die uns so verachtenswürdig erscheinen –, muß ihn der Einzelne zu gewinnen suchen. Es gibt keinen anderen Weg zu ihm. Diese dunkelste *materia* selbst muß langsam – ein Leben hindurch – bearbeitet und gewandelt werden.

Jeder achte also auf das, was in ihm selbst – in ihr selbst – das Verachtete ist, verschwiegen werden muß vor sich selbst, oder, es gilt eben auch nach außen und gerade da: Jeder achte darauf, was ihm außen, in der Welt, Abscheu und Ekel erregt, wen oder was er haßt oder verleugnet, wer sein Todfeind ist, und wo und warum er gerade da oder dort »Das Reich des Bösen« erkennt: »the evil empire«.

Denn das ist – und deshalb eben so grauenhaft schwer zu erkennen, immer wieder verleugnet von unserem Ich –, das ist alles innen, findet sich alles *auch in uns*.

Also: *Da* liegt das Werk, da der Schatz, da, im eigenen tiefsten Abgrund: der Stein. Unser Schatten – transformiert durch das *opus* – wäre das Rettende, der Retter, »das göttliche Wasser«.

Das ist die grundlegende alchemische Vorstellung.

Manche erkennen die Parallele zum »Gottesknecht«, dem »Allerverachtetsten«, Häßlichen, »Unwertesten, voller Schmerzen und Krankheit«, jenem anderen »Nichts«, anderen »Niemand«, in dem der Prophet Jesaja den Messias sah, ihn ankündigte: diesen, den wir »nichts achten«.

Ich halte den Traum nicht nur für das wichtigste Tor, das wir zum Unbewußten haben. Ich glaube, er ist als ein Aspekt des »Steins« selbst zu verstehen. Wie der »Stein« ist der Traum – nächtlich – »vor aller Augen«, bei Tag aber gleichsam unsichtbar, vergessen, unansehnlich-verkannt, scheinbar »Abfall des Tages«, »nichts«.

Die Alchemie ist eine *Erfahrungs*kunst. Man kann letztlich nicht nur darüber reden.

Man muß sie ausprobieren.

Man muß experimentieren.

Und die *materia*, mit der man das Experiment beginnt?

Es gibt nur eine.

Man hat nur sich selbst.

Nur an sich selbst läßt sich etwas wirklich testen. Alles andere ist Hörensagen, Leben und Erfahrung anderer.

Man soll – hat Carl Gustav Jung einmal gesagt (ich zitiere aus der Erinnerung) –, man soll »das Abendmahl mit sich selbst feiern, sein eigen Fleisch und Blut essen«.[2] Eben: den eigenen Schatten, die Nahrung, die wir am meisten scheuen. Ein grauenhaftes Bild, aber es trifft genau, worum es hier substantiell geht.

Mit jedem Stück Schatten, das ich heraufrette, mit dem

ich also ringe, oder: dem ich in solchem Kampf zwar unterlegen bin, dem ich aber, wenn es mir glückt, nicht ohnmächtig-unbewußt, sondern bei vollem Bewußtsein unterliege; mit jedem Stück Schatten, das du dir sichtbar machst, ins Bild und damit ins Bewußtsein ziehst, wird ein Teil des »Steins« inkarniert.

Er wird Fleisch – wirklich – und wird wirklich Fleisch: *dein* Fleisch, von dir in dich hineingenommen.

»*Was* wird da ›inkarniert‹, um Gottes willen?« fragt man.

Eben: Derselbe. Der Wille Gottes wird da: unser Fleisch. Denn wir haben Ihn »im Geringsten«, das heißt eben auch: in *unserem* Geringsten erkannt und uns Seiner angenommen, erbarmt.

Im August vergangenen Jahres, wie gesagt: mitten im Chaos jener Ereignisse, die mich und meine Apartment-Nachbarn zwangen umzudenken, auseinanderzugehen, neu aufzubrechen, uns mit Sack und Pack eine andere Bleibe zu suchen, erhielt ich die Einladung zu diesen Heidelberger Poetikvorlesungen.

Ich dachte: Worüber könnte ich, aufbauend auf den Frankfurter Vorlesungen, reden, wenn ich, neben der Arbeit an »Starlite Terrace«, je wieder Ruhe, Schreibtisch und feste Wohnung haben sollte?

Zwei Tage darauf kam mir – ich sah ihn als Antwort – der folgende Traum.

Ich war wieder in der Filmschule – in einem stillen schattigen Raum des Cinema Department, das ich 1975 an der USC in Los Angeles besucht hatte. Ich hatte gerade eine Frage an einen alten Kameramann gerichtet. Statt mir Antwort zu geben, trat der Alte auf die Filmkamera zu, die nur ein paar Schritte neben uns in Augenhöhe – ihr Objektiv nach links gerichtet – aufgebaut war. Rasch öffnete er ihr Gehäuse und ließ mich, an seiner Schulter vorbei, hineinsehen: Der Film war eingelegt, die Kamera scheinbar »ready to shoot«. Er aber zog einen längeren Streifen unbelichteten Materials aus dem Kasten und hielt ihn vor sein Gesicht, als wolle er betrachten, was doch noch gar nicht aufgenommen war: Bilder, die sich dem Film, der Emulsion, erst noch einschreiben müßten – wir hatten ja noch gar nichts gedreht. Da sah ich, daß er nicht mit Augen betrachtete, sondern – ich höre noch sein sorgsames Ein-, sein langsam-nebliges Ausatmen – ihn behauchte, den Film, ihn auf beiden Seiten mit seinem Atem bestrich.

Was macht man nun mit einem solchen Traum?

Denn das ist der Fund.

Das ist ein Stück aus dem »Tal der Schatten«, das ist ein Bild, das ich nicht »gemacht« hatte, das zu mir kam, plötzlich im Traum vor mir stand.

Es ist aus der Unterwelt Heraufgerettetes – (wenn ich's retten kann), dem Unbewußten entrissener »Stoff« (wenn ich die Kraft habe, nicht loslasse). Denn – Sie kennen das –: Kaum war ich erwacht, wollte es sich auflösen, das Bild, die wenigen Bilder der kleinen Szene wollten entkommen, sich wieder verlieren – in nichts. Und waren ja auch »nichts« ... nichts weiter.

Oder?

Er ist nichts, dieser »Stoff«, zu flüchtig ist er. Flüchtig ist er – und, flüchtig, ist er ... nichts.

Da liegt der Denkfehler. Denn »flüchtig« ist er, ist in Sekunden *wieder* nichts: Ist wieder, wo er *her*gekommen war, wieder im Unbewußten – in das wir, eben: meist nur durch unsere Träume Einblick haben.

Nochmals zurück: Da war also nichts, oder? »Komischer Traum, was war da?« denkt man. »Was war da noch?«

Die Bilder des Traums – dieses »Nichts«, an dem man so leicht vorbeigeht, das man allmorgendlich wegwirft, beiseite kehrt – »Was war da noch? Ach, Blödsinn, war ja nichts« –, seine Bilder wären mir sicher entkommen, wenn ich mich gleich nach dem Erwachen zu schnell bewegt, die Augen zu früh geöffnet oder das Fliehende im Halbschlaf gierig zu erinnern gesucht hätte. So aber konnte ich's unter dem Lid noch fixieren:

Das Gefühl »Filmschule« war noch da, der schattigkühle Geruch jener alten Holzbaracken der Schule, die damals, 75, im Viereck um den kleinen *patio* standen, den lichten Innenhof mit dem riesigen Dosenautomaten, in dessen Schatten wir *Dr. Pepper* tranken, wenn die Jungs im *stock room* uns zu lange auf Lampen und Stative warten ließen.

Sind die eigentlichen Traumbilder schon in Auflösung oder dir so gut wie verschwunden: dann bleibe beim Gefühl, das der Traum zurückläßt. Verharre bei jenem Gefühl. Brüte ein wenig darüber.

Also: Wie fühlte sich das an, dort zu stehen, im Schatten, die Luft aus dem leeren Unterrichtsraum einzuatmen? Wie fühlte sich das an, das ungeduldige Warten, daß man dir aushändige, was du brauchst für dein Projekt: Kamera, Stative, Lampen? Diese Angespanntheit, Aufregung vor dem eigentlichen Arbeitsbeginn. Die Filmschule – das waren ja nicht nur die Lehrer, war ja immer: das nächste Projekt, der nächste kleine Film, das nächste kleine Drehbuch, in dem das Neue, Immer-Neue bewältigt werden mußte. Und dabei dieses Gefühl: Noch gar nichts zu wissen. Was war man schon gegen die Alten, die Meister, die das Licht noch mit dem Auge schätzen konnten, ohne *light meter*, »Belichtungsmesser«. Ein wenig davon war noch da, ein wenig von jenem *spirit* der Zeit des Anfangs, war noch in dieser Baracke, dem holzgezimmerten Raum, in dem du standst im Traum.

Tritt jetzt hinein... in diesen Raum, den schattigen Raum. Tiefer hinein. Du hörst – schon beim ersten Schritt – das Holz der Planken unter deinen Füßen. Da steht... das Bild des Alten wieder vor dir. Er wartet nur wenige Meter entfernt, im Schatten, hat dich gehört und tritt nun zur Kamera hin...

Jaja, »gehört« hat er dich, du hattest ja gerade eine Frage an ihn gerichtet. Was war da, wie lautete deine Frage? Was fragt man einen Kameramann? Wie er zu seinen Bildern kommt, würde ich ihn fragen – das könnte sie gewesen sein, die Frage. Sie ist in der Antwort enthalten. Denn jetzt antwortet er ja, der Alte, indem er »öffnet«. Er öffnet das Kameragehäuse. Du siehst den Film, den er aus dem Kasten, dem Kameragehäuse, zieht... und den er jetzt – wie seltsam, spinnt der da? –: behaucht.

Der ganze Traum steht nun wieder vor dir. Du hast ihn wieder. Unterm Lid.

Jetzt photographierst du ihn, den Traum. Fixierst ihn. Wie?

Du gehst ihn fühlend ab, du gehst die Bilder auf und ab, bis sie sich vor dir abspielen. Zwei, vielleicht drei Minuten sind »realiter« im Bett vergangen.

Wenn Du jetzt aufstehst – jetzt, mit diesem Fund, mit nichts als diesem jetzt Fixierten –, hast Du den Unterschied zwischen Tag und Nacht. Du hast ihn quasi in der Hand. Du hast die Leiter zum Traum hinab – und wieder herauf. Du hast die Verbindung zwischen zwei Welten, die sonst auseinanderstünden.

Du hast etwas, das zu dir kam, sich dir zu zeigen – warum sonst wäre es dir erschienen? Nur *dir* gilt dieses Bild.

Jetzt gehst du in den Tag, es aufzuschlüsseln. Oder ... du läßt es. Läßt es fallen.

Und sagst damit: Es kam umsonst. Kam ohne Grund. Du sagst damit: Es hat sich aus Milliarden möglicher Bilder, die sich mir hätten zeigen können, umsonst gezeigt. Es bedeutet mir nichts, ich denke nicht weiter daran. Was soll's? Komisches Bild.

Aber wenigstens *hast* du's jetzt, das Bild. Hast es *noch*! Und damit die Wahl. *Bewußte* Wahl. Nein, mehr, unendlich mehr: die Wahl, dir über das, was das Bild zu sagen hat, *dir* zu sagen hätte, *bewußt* zu werden – oder unbewußt zu bleiben.

»Tag« und »Nacht« – du hast die Wahl zwischen beiden.

Sie kennen das: »Muß ich nicht wissen. Was soll's? Brauch ich nicht. Weg damit. *Next!*«

Weiter im Tag, weiter, *next*! Oder, peckinpahmäßig: *if it moves, kill it*. Aber er bewegt sich nicht mehr, der Traum, bleibt ganz ruhig. Bleibt vergessen. Und wenn er sich nochmal regen sollte, hast du das nukleare »Nur«. *Baaamm, just nuke it*! Das nukleare Nur, das ihn dann restlich auflöst. In nichts. War »nur« ein Traum.

OK, sagen wir, Du hast es *nicht* so gemacht. Du hast die rote Pille statt der blauen genommen – ja, du hast »The Matrix« gesehen, du würdest wirklich gerne wissen, »was los ist«, was los war, vor allem warum, was du eben noch wegwerfen wolltest, so überaus wichtig, so enorm wichtig sein soll für *dich*.

Was hast du jetzt an dieser kleinen Sequenz aus Traumbildern?

Du hast Bilder aus einem Bereich, in dem du nicht Herr bist. Nicht Herr warst. Nie Herr sein wirst.

Hier stehen manche auf, innerlich zumindest – verlassen den Saal.

Wenn das Ich sich in seiner Macht bedroht fühlt, sich eingestehen soll, daß es irgendwo, in irgendwelchen Bereichen nicht das Sagen hat, schon gar nicht das letzte Wort, dann läuft es eiligst davon. »Nicht mit mir! *Die* Pille ist zu bitter, die schluck ich nicht.«

Jede Nacht aber wird dir beim Einschlafen die Macht entzogen. Regierungssturz. *A bas le roi*, der König »Ich« steht ohne Kleider da, hier gilt ein anderes Gesetz. Bewußtseinswechsel: Ein anderes Bewußtsein, eine andere Welt zieht ein und baut sich so gewaltig auf, es ist, als gäbe es nur diese *ihre* »Logik«, die dieses Traums – der ewig währen wird; die dieser Nacht, die grad so tut, als gäb es nichts als sie und die kein Ende nehmen will! Denn aus der Perspektive des Unbewußten ist jener »Tag«, den du gerade zu Ende gelebt hast, ein »Traum«, ein Flüchtigstes, das vor der Ewigkeit, mit der ein Traum zu rechnen fähig ist... – nichts ist. Vielleicht kaum mehr als eine »R. I. M.«-Episode, ein »Rapid-›Ich‹-Movement«, ein kurzer Tag im Leben eines langen Traums.

Also. Nochmal: Was hast du jetzt an dieser Bildersequenz, dem Traum, den du fixiert, erinnert hast?

Vom Ich aus gesehen: Das Dokument einer Entmachtung. Aber auch das Dokument einer Macht: die jetzt *zu dir spricht*. Des Unbewußten, das sich an dich wendet: In diesen seinen Bildern, in dieser seiner Sprache.

Was sagt es?

Was es sagt, würde dir durch diese Bilder gesagt.

Was sagen dir also diese Bilder? Was sagt dir dieses, jenes Bild des Traums, wenn du ihn durchgehst, sie nacheinander durchgehst. Was sagen sie?

Auch das: Fixier es! Mach es bewußt! Umgib das ins Bewußtsein Gezogene – den fixierten Traum – jetzt mit benachbarten Bildern (den »Assoziationen«), umlagere ihn, reichere ihn an. Und mach ihn hier und jetzt: lebendig.

Mach ihn lebendig.

Mundöffnung der Bilder – laß sie reden!

Und höre.

Was sagt dir jener alte Mann, der im Traum das Gehäuse der Kamera öffnete?

Ich sehe ihn noch vor mir. Einen drahtigen, weißhaarigen kleinen Mann. Beim Aufwachen war ich an Karl Struss erinnert, einen alten amerikanischen Kameramann, den ich 1975, kurz nachdem ich in L. A. eingetroffen war, ja, eben: in einer der Holzbaracken des USC-Cinema-Department, einem kleinen Projektionsraum, in dem sonst nur Klassen über *Sound* abgehalten wurden, kennengelernt hatte. Er zeigte einer Handvoll Leuten und mir – ich war während der Semesterferien, als der Campus fast leer war, eher zufällig in den *Soundroom* hineinspaziert –, er zeigte uns den letzten großen Stummfilm, den er 1927 mit Murnau gedreht hatte. Der Film hieß »Sunrise«. Der alte Kameramann Struss und mein damaliges Filmerlebnis, ja das Wort »Sunrise« selbst: Sonnenaufgang, sind in meiner Erinnerung immer miteinander verbunden.

Und das Behauchen des Films?

Was ich davon im Traum beobachtet hatte, erinnerte mich an den Schöpfungsvorgang in Genesis. Sie kennen das Bild: Gott bläst dem Stoff – dem Klumpen Erde – lebendigen Odem ein, behaucht-beseelt so das Leblose, holt's aus dem Dunkel: »Sunrise« des Menschen.

Was heißt das?

Das Unbewußte – in der Person dieses alten Kameramanns – sagt mir im Traum: Erst mußt du ihn seelisch beleben, den Stoff. Noch bevor du mit dem Drehen, dem »Bilder-Aufnehmen«, der Arbeit, beginnst, ist entscheidend: deine seelische, deine innere Einstellung zum Stoff.

Wie stellt man sich also zum Stoff, an dem man arbeiten will?

Man verfährt, wie wir eben verfuhren, als wir den Traum besprachen, seine Bilder durchgingen. Dein »Atem«, das ist schon die sorgende Hingabe, wäre dein Hörenwollen, was der Traum sagt.

Noch die Bearbeitung dieses Traums, mein Versuch, ihn für mich zu interpretieren, fällt mir da auf, ahmt seinen Inhalt nach. Denn schon beim Erinnernwollen, schon beim Wiederaufspüren des Traums, war ich »Schüler« – wie im Traumbild selbst –, war ich Schüler des Bilds, Schüler der »Schule der Bilder«, und habe erfahren, Erfahrung gesammelt, wie man das Tote beseelt. Als ich den scheinbar toten Traum zusammensammelte – da war er noch ohne Sinn für mich –, aus Stücken ihn wie einen Leichnam zusammensetzte, auch um die Sammlung meiner Assoziationen zu einzelnen seiner Teile bemüht war, eben: seinen *Sinn finden* wollte, da habe ich den Stoff belebt. Ihn damit, *so handelnd*, gleichsam beatmet. Die Sehnsuche: *die* war mein Atem.

Dabei *kann* es zu einer Wandlung kommen, der paradoxen Vereinigung der Gegensätze: Das dir Tote – der tote Stoff, der scheinbar sinnlose, »verrückte« Traum – wird dir lebendig, er hat jetzt tiefen Sinn, gibt dir lebendige Richtung.

Nicht unbedeutend scheint mir, was sich während einer aktiven Imagination zum letzten Bild des Traums später ergab. In dieser Übung – die Jung erfand und die es erlaubt, mit Träumen im Wachzustand weiterzuarbeiten, ihrem Sinn nachzugehen (Kapitel 4 der Frankfurter Vorlesungen geht ausführlicher auf sie ein) –, in dieser aktiven Imagination, hielt mir der Kameramann den gerade behauchten Filmstreifen hin, aus dessen dunklen Bild-Feldern sich allmählich – vor meinen Augen – Bilder entwickelten. Sein Atem hatte das Bildfeld fruchtbar gemacht, die Bilder aus den dunklen Feldern hervorgerufen. Wie der hinabgestiegene Sonnengott Re auf seiner Fahrt durch die Unterwelt die Götter aus dem Dunkel hervor-ruft, sie mit seinem Rufen lebendig macht, bevor er an ihnen vorbeizieht, seiner Erneuerung, dem »Sunrise« entgegen, so hatte mir dieser Alte die Bilder, die im Stoff aufbewahrt lagen, heraufgeatmet.

Schon bald nach den Frankfurter Poetikvorlesungen – vielleicht bereits angekündigt in »Magdalena am Grab« und in »Der fremde Reiter«, jener Geschichte aus der letzten Frankfurter Vorlesung – wurde also, ich sagte es schon, mein Leben unter dem Einfluß gewaltiger Spannungen und Konflikte, die vieles, was ich bisher nur unbewußt gelebt hatte, in ein neues Licht rückten, auch die eigene Arbeit – die an »Starlite Terrace« – in Frage stellten, unter Druck gesetzt und verändert.

Man glaubt ja immer, man schreibe aus Vergangenem. Letztlich hält man das Erinnerte oder – wie ich es in Frankfurt beschrieb – das »Tote«, das tief in uns liegt und das wir heraufzuretten und in uns wiederzubeleben fähig sind, für »Vergangenes«, man rechnet es der Vergangenheit zu – auch so, als sei es »eigentlich abgeschlossen«.

Das Gegenteil ist der Fall.

Wofür denn wären wir auch hinabgestiegen? Wozu wäre »aufgekommen«, was wir da schreiben? Warum hätte es sich heraufgearbeitet – zu uns, bis in unser Bewußtsein, bis in unsere Finger hinein, die's aufnotieren, bis wir seinen Sinn, seine Wahrheit, nicht nur auf dem Bildschirm in flimmernden Zeichen, sondern, nun bewußt, im gelebten Leben wiedererkennen.

Das uns scheinbar Vergangene hat ein Doppelgesicht. Es sieht zurück – ins Tal der Schatten – und erhält dort, von dort, die Sicht nach vorn: zur Stadt am Meer.

Das war die nächste Station, das nächste Ziel, von dem ich damals noch nicht wußte. Das war der *Dissolve*, der sich anbahnte, sich und die einhergehenden Spannungen in Träumen ankündigte.

Die »Stadt am Meer«, in die ich, Sherman Oaks und das San Fernando Valley verlassend, vor einem Jahr zog, heißt Santa Monica.

In einem Baedeker für die USA aus dem Jahre 1909, als die Bevölkerung von Los Angeles sich »seit der Jahrhundertwende wieder einmal verdoppelt« hatte – der Baedeker schätzt atemlos »von 100,000 auf 200,000« Einwohner –, widmet man der kleinen Stadt am Meer, Santa Monica, immerhin einige Zeilen. Mit der »Southern Pacific Railway« fuhr man damals die siebzehn Meilen von downtown Los Angeles bis zum Strand in achtundfünfzig Minuten. Heute ist es nicht ungewöhnlich, es im Rush-Hour-Verkehr auf dem Santa Monica Freeway kaum schneller zu schaffen. Für einen round-trip, von downtown nach Santa Monica und zurück, zahlte man 1909 fünfzig Cent, auch Straßenbahnen fuhren alle halbe Stunden. Über das Gebiet *zwischen* downtown und Santa Monica geht der Baedeker in einer halben Zeile hinweg. Da heißt es: »On the way we pass Hollywood, a suburb of charming houses«.

Das war's. Das war es damals noch.

»Zur Stadt am Meer« aber bedeutet mir – als Titel für diese Vorlesungen – vor allem ein bleibendes, ein noch immer unerreichtes Ziel, ein Ziel, auf das hingelebt wird: im übertragenen Sinn. Im alchemischen Sinn.

Denn auch wenn ich eines Tages nicht mehr physisch an diesem Ort arbeiten sollte, wäre »die Stadt am Meer«: Bild für einen Zustand, den ich – arbeitend, lebend –, für mich, für mein Inneres, in meiner Welt zu verwirklichen, zu realisieren suche.

Wenn im Bild vom »Tal der Schatten« – einem Bild für das Unbewußte, das uns von allen Seiten umgibt – die Übermacht der Dunkelheit, die Gefahren, mit denen das Ich, das Individuum, zu leben und zu *arbeiten* hat, beschrieben wurden, so soll dieses zweite Bild, »Zur Stadt am Meer«, eher das Ziel bezeichnen, das mich in die rechte Beziehung zum Dunklen, zum Unbewußten setzt.

Dieses Ziel ist: die unterschiedene Nähe.

Die »Stadt am Meer«, das ist mir besiedeltes »Land«, ist »Grund und Boden« eines Bewußtseins, Ich-Bewußtseins, ganz nah – aber unterschieden vom »Meer«, das für das Unbewußte steht. Der Übergang ist oft klippengleich scharf, abgründig an vielen Stellen, aber an manchen auch fließend, ein fließendes *give-and-take*: am Strand zum Beispiel, wo man sich Ebbe und Flut ohne weiteres anpaßt; einem Strand, breit genug, auch von größeren Stürmen überflutet zu werden ohne größten Schaden für die »Stadt«. »Die Stadt am Meer«, das ist – noch im Entstehen – ein Stück werdender Kultur, die sich ganz nah am Unbewußten ansiedelt, um mit ihm im Gespräch zu bleiben – es im Auge zu behalten, daran zu leben, auch wenn es schwer fällt.

Der Traum vom sturmzerrissenen »Rex« zum Beispiel, der in »Der Mann an Noahs Fenster« beschrieben wird, war der Grundstein zu »Starlite Terrace«. Dieser Traum von herabgestoßenen Wolken, die sich vor *Noah's*, meinem Frühstücksladen auf dem Ventura Boulevard, sammelten und immer schneller zu kreisen begannen, dieser Sturm, der dann die 12-Uhr-mittagsleere Straße von West nach Ost durchbrauste und »Rex« mitriß, kam mir Monate bevor sich alles merklich veränderte, mich mitzureißen drohte, war der Dissolve, der unter der altgewohnten Oberfläche meines Valley wartete, ja, der Dissolve, der, wie gesagt, bereits in jenen Frankfurter Vorlesungen Thema gewesen, scheinbar »sicher verarbeitet« war.

Die Zerstückelung des »Rex Iudaeorum«, unseres alten Bewußtseins, durch einen Sturmgeist, der aus dem Unbewußten (»von links«) in Richtung Bewußtsein dringt (nach Osten, »rechts«), ist ein Bild, das seine Kreise zieht. Eben nicht nur in den Folge-Kapiteln von »Starlite Terrace« – jenem Jahreskreis von Juni 2002 bis Juni 2003, der in vier Schichten/Geschichten gegliedert ist –, sondern vor allem im Leben dessen, der es im Geschichtsgefäß selbst zu fassen sucht, im Buch mitzuformen sucht, also gleichsam schreibend »Hand anlegen« will an die »Hand«, deren Wirklichkeit Hand an ihn legt.

Mir wurde bewußt, daß ich eigentlich – ob außen, im Alltag, oder innen beim kreativen Arbeiten, dem Schreiben – immer am selben arbeite, nach demselben »Stein« suche. Bewußt, daß das Buch, an dem ich zu arbeiten begann, ein Gefäß darstellte. Ein Gefäß, das fassen konnte, was aus meiner Alltags-Realität und meinem Unbewußten hineinfloß. Ein Drittes war im Entstehen, dort, im

Gefäß Buch. Eine neue Verbindung, ein langsam aus Bildern herauftreibendes neues Bewußtsein war da am Kochen, das nun seinerseits Einfluß hatte. Indem ich an den »Starlite Terrace«-Geschichten von Rex, Moss, Gary und June arbeitete, wurde meine Sicht auf die Spannungen, die Konflikte, die jeder Tag brachte, verändert: Der Umbruch, der Aufbruch, der ganze erzwungene Exodus aus dem Valley, hatte jetzt einen Sinn, eine Richtung, war in einen Prozeß gestellt, den ich – schreibend, fühlend, beobachtend – ertragen und, bis zu einem gewissen Grad, durch solche Aufmerksamkeit, das bewußte Wägen der Worte und Bilder des Buchs, mitbeeinflussen konnte.

Das Buch war zum Gefäß meiner Individuation geworden. Sein Inhalt, seine *materia*, war *meine* – die sich, einem vierstufigen symbolischen Prozeß unterworfen, wandeln sollte. Die Vier-Stufen-Terrasse des Prozesses entspricht den vier Elementen – Wasser, Luft, Feuer, Erde –, denen jeweils eine alchemische Grundoperation zugeordnet ist:

- dem Regen (Wasser), in dem mein »Rex« gelöst wird: Die alchemische *Solutio*.
- dem Geist (Luft), der meinen »Moss« (Moses) der Realität entfernt: Die *Sublimatio*.
- Dem Feuer, das meinen »Gary« treibt, ihn in Leidenschaft verzehrt: die *Calcinatio*.
- Der Erde, die meine »June« sich in einem göttlich spontanen Akt von neuem erschafft: die *Coagulatio*.

Das heißt aus dem »Wasser« des sterbenden Rex ist die »Erde« der neugeborenen June-Juno geworden. Ein neues Bewußtsein taucht auf mit ihr. Es ist die Stadt am Meer.

Ende letzten Jahres, wenige Wochen nachdem ich eine neue Wohnung in Santa Monica gefunden hatte, sah ich folgenden Film, ein Videoband, das man mir geliehen hatte und das ich mir bisher nur einmal ansehen konnte. Hier sind die Notizen, die ich, gleich nach dem Abschalten des Geräts, in ziemlicher Eile machte, den Eindruck des Gesehenen festzuhalten. Der Film hieß: »Wo ist das Haus meines Freundes« und wurde von dem Iraner Abbas Kiarostami inszeniert. Hier also, abschließend, nochmals ein Beispiel für das, was mir Alchemie ist:

Ein Klassenzimmer in einer iranischen Volksschule. Ein Junge wird ausgescholten, weil er die Hausaufgaben schon dreimal nicht in sein Heft, nur auf lose Blätter geschrieben hatte. »Noch einmal und du fliegst von der Schule«, warnt der Lehrer den Achtjährigen. Neben ihm sitzt sein Freund – der, in der nächsten Szene, nach Hause kommt, feststellt, daß er versehentlich auch das Schulheft des Banknachbarn mitgenommen hat. Wenn er ihm heute nicht mehr das Heft aushändigt, die Hausaufgaben darin einzutragen, wird der Junge morgen der Schule verwiesen – das weiß er.

Der Freund will ihm das Heft zurückbringen, aber die Mutter läßt ihn nicht, hält seine Bitte für Ausreden. Die Hilflosigkeit, das An-die-Erwachsenen-Ausgeliefertsein in solchen Situationen, kommt mir in Erinnerung. Der Freund wohnt in einem entfernten Dorf jenseits des großen Hügels: ein Zickzackweg führt den Hügel empor.

Der Junge soll Brot holen, nimmt aber heimlich das Heft des Schulkameraden mit und macht sich auf die Suche nach dessen Haus in der fernen Ortschaft.

Hin und, aufgehalten, zurück und dann nochmals hin. Schließlich bekommt er dort Hilfe von einem alten

Schmied, der sich bereit erklärt, ihm das Haus des Freundes zu zeigen. Er kennt die Häuser vieler Leute, sagt der Alte, auch das Haus des Vaters des Jungen, weil er Türen macht. Türen und Fenster. Jetzt aber wollen viele Eisentüren, sagt er, und die Nachfrage nach seiner Arbeit habe abgenommen.

Der alte Mann geht sehr langsam, es ist mittlerweile schon dunkel geworden. Er hält an einem Brunnen im Dorf, etwas zu trinken. Bereits mehrere Male hatte ihn der Junge gebeten, sich zu beeilen, er müsse doch auch wieder zurück, den Weg zurück in sein Dorf. Der alte Mann trinkt genüßlich vom Brunnenwasser und reicht, bevor er aufsteht, dem Jungen eine kleine Blume, die er eben gepflückt hat.

»Hier, für dich«, sagt er, »für dein Heft.«

Und der Junge schiebt sie ungeduldig zwischen zwei Seiten des Hefts, das er abgeben will, nur um den Alten zu beschwichtigen und endlich weiterzukommen.

Im entscheidenden Moment aber, als sie am Haus des Freundes ankommen, weht der Wind so stark, ächzen die Lampen, die im Dunkel vor dem Haus hängen und, hin- und hergerissen, diesen, jenen Fleck gespenstisch beleuchten, daß der Junge den Mut verliert und nicht anzuklopfen wagt. Er steckt das Heft ein, rennt wieder zum Alten zurück.

Ein-, zweimal versucht er ihm vorauszueilen, den Weg allein zu finden, aber er kommt nicht voran – die Angst vor bellenden Hunden hält ihn immer wieder auf –, so daß ihn der Alte, der langsam geht, immer wieder einholt, ihm dann die Angst nimmt.

Dann sieht man ihn wieder zu Hause bei seinen Eltern. Er hat keinen Hunger. Der Vater dreht an einem Transistorradio, die Mutter stellt das Essen weg. Er soll in ein anderes Zimmer, wenn er noch Hausaufgaben machen will, befiehlt sie. Bringt ihm dann aber noch etwas vom Essen nach.

Der Junge kniet und beginnt abzuschreiben. Da wird die Seitentüre, die nach draußen führt, vom Wind aufgerissen – und lange starrt der Junge hinaus in die Nacht.

Am nächsten Tag fehlt er in der Schule. Der Lehrer prüft, eine Bank nach der anderen abschreitend, die Hausaufgaben der Schüler. Der Junge, der sein Heft nicht hat, befürchtet das Schlimmste.

Im letzten Augenblick, gerade bevor der Lehrer zur Bank des Schülers tritt, kommt der Freund ins Klassenzimmer, entschuldigt sich, daß er zu spät kommt. Man sieht: Der Finger, mit dem er sich zu Wort meldet, ist tintenschwarz.

Schnell zwängt er sich in die Bank, flüstert dem Nachbarn zu, daß er die Hausaufgaben für ihn gemacht hat, zieht beide Hefte hervor.

Der Junge, der bis eben noch ohne sein Heft gewesen war, muß es dem Lehrer schon im nächsten Augenblick reichen.

Nein, sagt der Lehrer, das sei das Heft seines Nachbarn. Er sieht sich das Heft an, fordert das zweite.

Er schlägt die Seiten auf, sein Kuli fährt rasch-prüfend die Zeilen entlang und schlägt das Blatt um. Da liegt, in der Mitte des aufgeschlagenen Hefts: die kleine Blume.

Der Lehrer – wir hören nur seine Stimme – ist mit dem Geschriebenen zufrieden: »Good boy« (sagt er im Untertitel).

Und sofort ist der Film zu Ende.

Diese Blume..., die wir da eben sahen – wir alle haben sie gesehen –, wir sahen sie jetzt anders, in neuer Bedeutung. Nicht mehr: die Blume, die der Alte am nächtlichen Brunnen dem Jungen gegeben hatte, sondern: die Frucht all der Dunkelheit, durch die sich der Junge innen und außen durchgearbeitet hatte, seines Sich-Abmühens, seines Muts, seines Opfers, in dem er das widerstreitend Gegensätzliche zu vereinen, zu fassen, zusammenzuhalten wußte.

Verstehen Sie: Ob der Junge das im entferntesten so sieht, ist nicht von Bedeutung. Kiarostami schneidet ja *nicht* auf den Jungen zurück, nicht zurück auf sein Gesicht oder zurück auf den neben ihm stehenden Lehrer. Sondern bleibt mit dem letzten Kamerabild ganz im Schulheft, auf dieser Blume, die gepreßt zwischen den Seiten liegt.

Und es ist sein, aber auch *unser* Blick, das Auge des Zuschauers, der es so sieht und sie, jetzt gewandelt, wiedererkennt.

Alles geschah – jenes letzte Kamerabild beweist das – vor allem *in uns*.

Da ist die Wandlung. Atemwende.

Traum und Alchemie wissen um sie, streben sie an.

Denn die Wandlung sagt zum Betrachter: *Du* warst der Film, bist *materia* und Blume.

III

SUSPENSE

Außerdem ist mir ein schlimmer Fehler unterlaufen: der kleine Junge, der die Bombe transportiert. Wenn jemand eine Bombe transportiert, ohne es zu wissen, wie ein einfaches Paket, versetzen Sie das Publikum in eine sehr starke Suspense. Während seines Weges ist die Figur des kleinen Jungen dem Publikum so sympathisch geworden, daß ich es mir eigentlich nicht leisten konnte, ihn sterben zu lassen, bei der Explosion der Bombe im Autobus.

Hitchcock zu Truffaut über »Sabotage«

Der unkoagulierte Geist ist frei, er kann folgenlos jedes Bild durchspielen. Doch ein konkret verwirklichtes Ich sein heißt, daß man an das Kreuz der erschaffenen Welt genagelt ist.

Edward F. Edinger

Lassen Sie mich zusammenfassen, worüber ich in der letzten Vorlesung, »Traum und Alchemie«, sprach.

Ich beschrieb, daß die Auflösung der kleinen Welt im Valley, in der ich mich mit einigen Freunden und Nachbarn seit dem Erdbeben 94 eingerichtet hatte, letztes Jahr einen Bewußtseinswechsel verursachte.

Solche Umwälzungen, solche Konflikte aktivieren immer den eigenen Schatten: das heißt, in solchen zermürbenden Krisen – auch in den kleineren Konflikten des Alltags läßt sich das beobachten – werden *die* Aspekte des eigenen Charakters wach, mitreißend wach, die wir uns immer zu sehen weigern, die deshalb »unsichtbar« sind, unbewußt waren, es leider meist auch bleiben: weil diese Inhalte – alles, was wir hassen, fürchten, beschämend finden – uns immer und vor allem *an anderen sichtbar* werden.

Da sind sie zu sehen. »*Die*« haben es. Die *sind's*.

Unser »Schatten« – das sind zunächst »immer die anderen«. Und auf die schlägt man dann drauf, *die* verfolgt man, deren Eigenheiten verhöhnt man, zieht sie in den Dreck, für den man im eigenen Innern stockblind ist.

Jene neuen Hauseigentümer zum Beispiel, die uns letztes Jahr die Frist setzten, uns zum Auszug zwangen, das waren, ich verwende jetzt bewußt diese Bezeichnung, das waren »two Israelis«. Die Tatsache sprach sich schnell herum, die beiden waren ja auch jeden Tag zu sehen, jeden Tag auf der Baustelle, in die das Apartmenthaus zu unser aller Ärger noch vor dem Auszug verwandelt wurde. Sofort hieß es, »die Israelis« sind hier. Das Apartmenthaus war nun – indem man die beiden so bezeichnete – von ihnen »illegal besetztes Gebiet«. Die Projektion damit perfekt. Jeder Schritt dieser Leute auf »unserem Gebiet« war Aggression. Die *mußten* natürlich in unsere Wohnungen kommen, mußten ausmessen, inspizieren, »die Israelis«. Sie unterhielten sich miteinander, sehr laut, sehr »aggressiv«, schien uns, in einer Sprache, die »niemand verstand«.

In einer solchen Situation kann man – zum Beispiel – den eigenen Machtschatten beobachten. Aber man sieht ihn natürlich nur an anderen. Im Verlauf der Frustrationen, der wirklichen Leiden über das Ausziehen-Müssen, der Verzweiflung bei vielen über das Wohin und das »Was kann ich mir denn überhaupt leisten?« – die Mieten »da draußen« waren in den letzten zehn Jahren enorm gestiegen –, kamen Ängste, Schwächen, Ungeheuer zu Tage. Aber man sah sie nur als von diesen Immer-Anderen in uns hineingelegt, uns aufgezwungen.

Die alchemistische Sichtweise (es noch einmal zu wiederholen) stellt das Ich an das Gefäß, in dem »all das schwarze Zeug« kocht, all die jetzt und in solcher Zeit in uns erregten Schatteninhalte. Verstehen Sie: Wir reden von psychischen Inhalten, dem Schatten, der da – in Wut, Verzweiflung, Frustration – aufkocht, wenn so ein Konflikt akut wird. Das Gefäß, in dem das geschieht, ist Aspekt und langsam reifender Teil unserer Psyche selbst. Entscheidend dabei ist – vom Ich aus gesehen – die *Einstellung*, die wir solchen Schatteninhalten gegenüber haben. Nur durch die richtige Einstellung ist der Schatteninhalt annähernd »gefaßt«, kann sich – über Jahre, ein ganzes *opus* hin – eine symbolische Auffassung heraus-»bilden«, die zum *rechten* Gefäß heranwüchse – einem Gefäß, das den Schatteninhalten letztlich »gewachsen« wäre –, weil es sie »hält« und damit eine Voraussetzung *dauerhafter* Wandlung erfüllt.

In meiner alchemistischen Vorstellung stellen Sie das Ich an die Seite eines – selbst immer neu zu prüfenden – Gefäßes, um *einerseits* in Beziehung zu Ihrem schwarzen Inhalt zu bleiben, ihn eben *nicht* zu meiden, nicht zu fliehen, nicht wegzusehen oder in anderen zu sehen, sondern ihn auszuhalten, diesen nun »kochenden«, Gift spuckenden Schatten, der da in Ihnen aktiviert wurde; um *andererseits* aber auch, würde ich sagen, nicht mit hinein *ins* Gefäß zu fallen.

Wenn das Ich ins Gefäß fällt – nicht mehr von außen zu beobachten oder einzugreifen fähig ist, den äußeren Standpunkt also aufgibt –, dann kommt es zu einer Identifikation des Ichs mit dem Schatten. Dann werden *Sie* das »kochende Chaos«, dann »laufen Sie über«, entladen sich, »geraten außer sich« und werden vom Schatten mitgerissen: sehen nur noch »schwarz«.

An der schwarzen *materia* selbst, die Sie zu wandeln begannen, werden Sie nun nichts ändern. Denn alles ist unbewußt geschehen. Man ist eben »ausgerastet« vor Wut, hatte sich »nicht mehr im Griff«.

Die Wandlung, die Transformation Ihres im psychischen Gefäß gefaßten Schattens, kann aber nur geschehen, solange das Ich in reger Beziehung zum Schatten bleibt – das heißt, ihn bewußt erleidet durch Introversion, durch das Aushalten der eigenen Unsicherheiten, der jammernden, klagenden, wütenden Gefühle, die jede kleine Krise, jeder Konflikt in uns wachruft. Denn das ist unser Schatten, ist der »Stoff«, die *materia*, der Schatz; wäre letztlich, gehoben-geläutert: der Stein – der *filius philosophorum*, wie er genannt wird, weil er gleichsam gezeugt wird von denen, die nach ihrer innersten – dunkelsten – Wahrheit streben, die Vereinigung der Gegensätze stets im Auge behalten und sich um die Wandlung des eigenen Stoffs bemühen.

Alchemistisch denken hieße also, daß ich mir zunächst ganz einfach: immer dieses einen Bildes bewußt bleibe, es mir – ab und zu wenigstens – ins Gedächtnis rufe: Mein Ich steht neben dem Gefäß, in dem mein Schatten durch eine Serie von Prozeduren (das ist: was ich im Leben bewußt »mitmache«, das sind die Krisen, die Frustrationen, Leiden, unerfüllte Liebe) langsam, sorgsam, immer wieder angesehen, gekocht, gekühlt, sublimiert und letztlich gewandelt, transformiert wird. Mein Ich beobachtet und greift korrigierend, experimentierend ein: in das, was *wird* im Gefäß, sich dort zeigt, an Schatteninhalten einerseits klar zu erkennen, andererseits geduldig auszuhalten ist.

Wenn es mir gelingt, den Sinn (alchemisch gesprochen: den Geist) aus meiner »schwarzen *materia*« zu ziehen, zu gewinnen – den »Sinn«: das kann schon ein Bild sein, ein Bild, das aufkommt, während ich den Inhalt des Gefäßes im Auge behalte, über ihm brüte: ein konkretes Bild zum Beispiel für ein Gefühl, eine Sehnsucht, die mich bis dahin nur immer quälend-diffus durchzogen hat, jetzt aber sichtbar würde: im Bild! –, dann ist im Moment solcher Sinnfindung, Bild-Findung, ein Kräftezuschuß spürbar. Eine Freude ist plötzlich da, alles hellt sich »irgendwie« auf.

Da ist die Gefahr wieder am größten.

Welche Gefahr?

Der Prozeß, der alchemische Prozeß, beginnt hier von neuem, führt weiter in eine neue Schlaufe der Individuations-Spirale. Und in so einem euphorischen Moment: fällt man meist wieder ins Gefäß, stürzt in den eigenen »Schatten«, hält sich wieder für »it«, den großen Macher, den größten, der klarsieht und »weiß, wo's langgeht«.

Aber *das* Risiko ist es wert. Muß es immer wieder wert

sein, denn man wird diesen Fehler tausendmal machen – ja, er ist Teil, vielleicht sogar notwendig Teil des Werkes.

Das Bild vom Alchemisten, der neben seinem Gefäß steht, ist selbst so ein Fund. So ein Bildfund. Denn wenn wir uns seiner in der Not noch erinnern, könnte es uns – dieses Bild – aus dem Gefäß ziehen, die Kraft geben, uns, unser Ich – mit allem, was wir an Ratio und Bewußtsein besitzen – wieder *neben* unser Gefäß zu stellen, die Identifikation mit dem Schatten wieder zu lösen, ohne ihn als »hoffnungslos« – ohne *uns* als hoffnungslos – aufzugeben. Neben das Gefäß, sage ich: wo der Alchemist hingehört. Dann hat das »Außer-sich-Sein« wieder ein Gegenüber, das es bewacht, befragt und bewußt bearbeitet, um – erneut – Sinn aus ihm zu ziehen.

Es ist, Sie werden es bemerkt haben, das Bild einer *unterschiedenen Nähe*, das der arbeitende Alchemist so selbst darstellt, »dramatisiert«. Er selbst gleicht jener »Stadt am Meer«, ist derjenige, der, ohne vom Wasser des Unbewußten überflutet-hinabgezogen zu werden, seine Nahrung gerade dort, aus dem Dunkel der Wasser, auf deren Oberfläche er sich spiegelt, heraufzieht.

In der Alchemie habe ich eine Beobachtungsweise gefunden, die es mir erlaubt, die eigene *materia* – den Stoff des Schriftstellers, der zunächst mal ein *psychischer* ist: meine Erfahrungen innen und außen – zu beobachten, das heißt, sie symbolisch lesen zu lernen, sie einer Reihe von Prozessen zu unterwerfen oder unterworfen zu sehen und dabei, von außen, aktiv einzugreifen.

Mein alchemisches Gefäß ist das Buch im Entstehen, im Reifen. Darin sammelt sich meine *materia*: liegt in den verschiedenen Aspekten der Charaktere verschlossen, die mich zunächst »irgendwie faszinieren«, »mich verfolgen«, mit denen ich leide, die »mich nicht in Ruhe lassen«. Die Tatsache aber, daß ich diese Gefühle der *materia* gegenüber in einen *Prozeß* hineingestellt sehe – die Wandlung der Charaktere in ihrer Geschichte, die Geschichte in ihren Geschichten zu transformieren beabsichtige –, richtet das Buch auf ein Ziel aus.

Und öffnet es schließlich. Macht es selbst zur Passage. Ziel wäre nie schon das Buch. Aber Richtung, Sinngebung könnte es sein: den Weg, der *hinter* dem Buch liegt, freizulegen. Mir und dem Leser. Eine Passage, die eben nicht nur zu anderen Büchern, sondern vor allem zum eigenen Schatten führt, dem eigenen ungelebten Leben, den eigenen ungesehenen Bildern, den eigenen nie bedachten Träumen, die sich nun melden, die endlich auferstehen, vielleicht zum ersten Mal sichtbar-hörbar werden.

Wenn Sie den Standort des Alchemisten – neben dem Gefäß – vor sich sehen, ihm einerseits die Möglichkeit, aktiv in den Prozeß einzugreifen, *nehmen*, das Gefäß andererseits durch einen *screen* ersetzen – einen Monitor oder eine Filmleinwand zum Beispiel –, dann haben Sie den Kinogänger vor sich. Der mehr oder weniger – im Sessel, nicht stehend oder kniend – aber durchaus mit Sorge, mit Spannung verfolgt, was er da sieht.

Wenn es spannend ist, was er sieht, dann hat der Regisseur – sagen wir Hitchcock oder jemand, der behauptet, er habe ein *Hitchcockian movie*, einen Thriller oder gar einen psychologischen Thriller vorgelegt –, dann hat dieser Mann, alchemisch gesprochen, dafür gesorgt, die im Stoff, jener Filmstory, enthaltenen Gegensätze längs einer Spannungskurve so klar dem Zuschauer zu Bewußtsein zu bringen, das heißt, wiederum alchemisch gesprochen: sie so deutlich zu separieren, zu trennen, also zum

Beispiel uns wissen zu lassen, was für die einzelnen Charaktere *at stake* ist, was sie riskieren, was sie verfolgen und von wem ihnen Gefahr droht, – daß das Spannungsfeld zwischen den diversen Gegensätzen maximal aufgeladen, »die Spannung zum Zerreißen« ist.

Ich erinnere mich noch gut an eine Serie amerikanischer Radiosendungen, die Ende der Sechziger, Anfang der Siebziger jeden Abend um halb sieben über AFN ausgestrahlt wurde. Die Reihe hieß »Suspense«. Und am Anfang, noch über der Ansage des Titels der jeweiligen Suspense-Story, war so ein langer tiefer Ton zu hören, klang wie das Nebelhorn eines Schleppkahns im New Yorker Hafen, der »im Dunkel an einem gerade Ersäuften vorbeigleitet...«. Mich fror, ich zog die Beine auf den Sitz und drückte mich tiefer in den schwarzweiß-karierten Ohrensessel, in dem mein Großvater gestorben war...

Und dann sprach – jenes unheimliche Nebelhorn war noch nicht verklungen – der amerikanische Ansager die immergleiche *tag line*, den Untertitel, den jede dieser Geschichten hatte:

»A tale well calculated to keep you in...« – er hielt den Atem an – »... suspense!«

Dieser Satz entzückte mich immer von neuem. Es war das herrliche Versprechen: »Suspense!« Das Bild, das dieses Wort im Lateinschüler wachrief (suspendere, suspendo, suspensi, suspensum), sprach von einer Macht, die dich – das fühlst du im Bauch – »vom Boden erheben« und irgendwo über einem Abgrund, wahrscheinlich an der prekär durchgebogenen Dachrinne eines zwölfstöckigen Hauses, »hängen lassen« konnte: Du wagst nicht, dich zu bewegen, du »zuckst« nur unwillkürlich, einmal... – da bricht die Dachrinne noch tiefer durch! Eine weitere Bewegung: und du fällst von der Traufe in den Abgrund.

Also: »Wie komm ich hier wieder raus...?«

Das war Suspense.

»Spannung« war eben nur die deutsche, die ungenaue Übersetzung, aber, fühlte man, auch eher eine Sache zu ebener Erde: »Das Seil spannt sich«, weil die einen eben hierhin, die anderen dorthin zerrten. »Achtung Hochspannung«: doch da hat man natürlich gar nicht erst hingelangt. Nur Idioten wollten an *dem* Kasten schrauben.

Suspense aber, Am-Kragen-Gepacktwerden, Über-dem-Abgrund-Schweben – wer »kann« das? Womit ich, als Zuhörer, meinte: Wer kann das so mit mir machen? Da war also jemand, da war einer, ein Team vielleicht, die sich was ausgedacht hatten; die hatten »well calculated«, hatten alles so *berechnet*, daß ich die nächste halbe Stunde *nicht* rechnen konnte, nicht auf die Uhr schaute. Die kannten meine Schwächen, hatten das alles kalkuliert – wußten, wo sie nachgeben, zugeben müssten, mich *in suspense* zu halten. Immer eine halbe Stunde lang: Suspense. Die Show begann und du hattest die drei hocherhitzten »s« noch im Ohr: SuSpenSe: die Lunte, gezündet, sssssste heran, auf dich zu...

»Es war Mittag, als ich erwachte. Die Hitze, mein Gott, die Hitze...« – Es war immer ein »first person singular«-Erzähler, der da erzählte, und zwar immer in »präsenter Vergangenheit«. Ich wußte, ich war betrunken ins Bett gekrochen, wurde also »mit Kater« in der Stimme gesprochen: *»Ich wußte, ich... war betrunken ins Bett gekrochen...«*, besaß also das bißchen Gegenwart – *well calculated* –, das der Zuhörer einerseits brauchte, um mit dem Erzähler aufzuwachen: die *Gefahr* der Gegenwart; gab ihm andererseits das *security blanket*

gleich mit: die Sicherheit *überstandener* Vergangenheit. Die Amerikaner wollten ja »unterhalten« – niemanden am Radio »live« ausrasten lassen, wie Orson Welles das mit seinem »War of the Worlds« getan hatte.

Ein Mann erzählt also mit verkaterter Stimme, daß er gestern Nacht betrunken in sein Bett fiel, Bett eines Motels, in irgendeinem kleinen Hundert-Seelen-Kaff in der Wüste. Er hatte »*wegen Motorschaden halten müssen*«, sagt er, hatte »*nur noch vage...*« – man hört die Kopfschmerzen in der Stimme – »*Erinnerungen an den Abend*«, den er einsam in einer Bar gegenüber vom Motel verbrachte hatte. Man hört das Quietschen des Motelbetts, das Kissen, das er ... – »*Hey*!«, sagt er da, »*so allein war ich also doch nicht*«, sagt er. »*Da... da schlief eine Frau neben mir. Eine junge Frau, ihr blondes Haar überm Gesicht, den nackten Schultern und... Hey, hey... Was war das?*« – Jetzt kam's natürlich – »*Hey, Blut, mein Gott... Blut!... Die Frau...*« – hier brach die Musik ein, irgendwas Kataklysmisch-Frenetisches – »*... war... war tot!!*« –, das dann nochmals im Nebelhorn endete, als wollte man sagen: Wir hatten euch ja gewarnt! Denn jetzt – wurde erstmal auf einen Commercial geschaltet. Jetzt hing man natürlich, war »aufgehängt« – *in suspense* –, schwebte mit diesem Mann »überm Abgrund«. Er war unschuldig, das war klar – das glaubte man seiner Stimme anzuhören: *Der* hatte wirklich keine Ahnung, wie die tote Frau in sein Bett gekommen war. Andererseits: das fremde Kaff. Da glaubt ihm ja niemand, da kennt er ja niemanden, der für ihn bürgen, der für ihn einstehen würde, der ihn für unschuldig hielte, wenn man ihn ... – mit dieser Toten im Bett entdeckt.

Knock-knock-knock.

Es klopft! Klopft an der Motelzimmertür – kaum ist

der Commercial vorüber – und erinnert uns, daß *we're not off the hook*: wir immer noch hängen.

Hitchcock, auch das sollte gesagt sein, unterscheidet klar zwischen dem Effekt der »Surprise« (»Überraschung«) und dem viel folgenreicheren der Suspense. Nehmen wir ein Beispiel, das aus einem seiner frühen Filme stammen könnte:

Ein Junge, der in einem Londoner Bus sitzt und nicht weiß, daß unter seiner Sitzbank eine Bombe tickt. In drei Minuten – wir sehen die eingebaute Uhr – wird die Bombe hochgehen.

Wenn wir, die Zuschauer, das *nicht* wissen, die Bombe plötzlich explodiert – das wäre »Surprise«, sagt Hitchcock mit einigem Understatement. Ein Schock, der dann letztlich schnell abklänge, meint er.

Wenn uns die Kamera aber zeigt: was unter dem Sitz des Jungen tickt, dann zurückschneidet zum Jungen, der ahnungslos aus dem Fenster blickt, SCHNITT: nochmals nach unten zu seinen Schnürstiefeln, die hin- und herschaukeln und die Bombe jetzt beinahe berühren, SCHNITT: zurück zum Jungen, der das Ticken gar nicht hören *kann*, weil sich zwei Männer neben ihm laut übers Wetter unterhalten... –, dieses immer unerträglicher werdende Hin und Her zwischen Ahnungslosigkeit und höchster Gefahr, ist dann Suspense: ein im machtlosen Zuschauer so – durch die auseinderklaffenden *opposites* – entstandener psychischer Spannungszustand.

So eine Szene ist dehnbar, weit über die drei Minuten der ablaufenden Realzeit hinaus. Die Gegensätze sind klar erkannt, klar geschieden, *wir*, die Zuschauer sind uns ihrer bewußt und tragen diese Gegensätze jetzt in uns, ja: halten sie aus. Leiden, *in suspense*, anstelle des ahnungslosen Kindes, das von der Gefahr nicht weiß. Wir hoffen, daß sie einer bemerkt, daß sich das Kind oder einer der anderen im Bus... der Gefahr bewußt wird, bevor das Ding hochgeht. Immer noch tickt die Bombe, tickt – und nur *wir* hören sie, wissen, wie wenig Zeit bleibt. Selbst der belanglose Dialog der zwei Männer, die beim Jungen stehen, wird jetzt wichtig – der Zuschauer hört auf jedes Wort, das die Wende herbeiführen könnte. Der Bus hält – ruckartig –, da fällt einem der Männer die *Times* aus der Hand. Er bückt sich nach der Zeitung – hätte jetzt Gelegenheit, die Bombe unter dem Sitz des Jungen zu bemerken –, wird aber von den naßglänzenden Beinen einer jungen Frau, die gerade zusteigt, abgelenkt. Erhebt sich errötend – ohne die Zeitung. Der Junge: greift vom Sitz seitlich nach unten, hebt sie ihm auf – die *Times*, sie lag unmittelbar vor der tickenden Bombe, sehen *wir* – aber der Junge sah's nicht.

Und wir: können nicht eingreifen. Auch heute noch hören Sie Leute im Kino, die dann mit sich – mit der Leinwand – Gespräche führen: »Achgottpaßauf!« sagt einer, wenn Grace Kelly, in Hitchcocks »Bei Anruf Mord«, im Negligé am Telefon steht und den Mörder, der hinter ihr auftaucht, nicht bemerkt.

Im alchemisch-psychischen Wandlungsprozeß ist solche Suspense von hohem Wert. Sie wurde erzeugt durch den Prozeß einer *separatio* – das ist der alchemische Begriff für die Trennung der Gegensätze, gegensätzlichen Elemente, die die *materia* enthält. Der Prozeß der *Trennung* der Gegensätze entspricht ihrer allmählichen *Bewußtwerdung*: Du wirst dir des Konflikts, der sich – jetzt nicht mehr auf der Leinwand, sondern: – in dir abspielt, bewußt. Du weißt, daß die Gegensätze an dir ziehen und daß – wir hatten im zweiten Teil dieser Vorlesungen darüber gesprochen – jetzt der eigene Schatten, das heißt, unbewußte Inhalte aktiviert werden.

Ich bin ganz und gar für Suspense, für eine Rehabilitierung dieser Kunst, die es dem Zuschauer, Zuhörer, Leser fast unmöglich macht, die Last der Gegensätze nicht zu tragen. Ihn also gewissermaßen reif macht für eine Lösung, eine »Vereinigung der Gegensätze«: eine *coniunctio oppositorum*, wie der Alchemist sagt. Denn nur da wandelt sich etwas, verwandeln sich beide: die Feinde, befeindeten Gegensätze, oder Natürlich-Gegensätzlichen (Männliches, Weibliches) in ein Drittes, entsteht also wirklich Neues.

Aber. Bei Hitchcock werden Sie das nicht finden. Insofern haben viele seiner Geschichten letztlich den *thrill-appeal* seiner *»elevator-story«*, die ich zu Beginn der Frankfurter Vorlesungen zitierte: Hitchcock erzählt einem Journalisten im Hotellift – als bemerke er gar nicht, daß die anderen Gäste im Lift zuhören –, wie er, vor wenigen Stunden, in ein Zimmer trat, eine Bekannte zu besuchen. Er fand sie in der Küche und – »sie lag am Boden, in einer riesigen Lache Blut.« Völlig entsetzt geht er auf die röchelnde Frau zu... »Mein Gott, was ist geschehen?« fragt er sie. Und sie – mit letzter Kraft, so leise, daß er sich zu ihr hinabbeugen muß –, antwortet ihm, daß...
– Hitchcock timte seine Elevator-Story immer so, daß der Fahrstuhl genau an dieser Stelle im Hotelfoyer hielt. Die Hotelgäste also aussteigen mußten und – natürlich nicht aussteigen *konnten*: Jeder wollte wissen, »wie's weiter geht«.

Solche Fahrstuhlgeschichten hat Hitchcock erzählt, uns, die Zuhörer, in Suspense zu versetzen. Aber das war's dann auch. Ein Thrill – ein Spaß, den Hitchcock sich mit den Leuten erlaubte. *That's it. That's all there was.*

Überhaupt wird Suspense im Film – in allem, was wir heute dem reinen Entertainment zurechnen – immer wieder kurzgeschlossen. Suspense bei Hitchcock kappt den Sinn, übergeht ihre eigentliche Bedeutung, ihre Aufgabe.

Den Prozeß, für den Suspense »wie geschaffen« ist, nämlich: das mitleidende Ich, die Psyche des Zuschauers, auf ein Neues vorzubereiten, auf ein Bild der *coniunctio* nämlich, auf das Bild einer paradox-richtigen Gegensatzvereinigung – »richtig«, weil sie eben nicht »gemacht«, nicht »konstruiert«, nicht aufgesetzt, nicht gewollt, nicht manipuliert, sondern aus dem Unbewußten heraufgekommen wäre, so mächtig-gebietend wie ein Traum selbst oder: wie ein Symbol, das wir, ohne es rational rechtfertigen zu können, einfach als »richtig« empfinden, als bestmöglichen Ausdruck für das, was da geheimnisvoll-richtig uns als Lösung erschien, als Erlösung von der Spannung der Gegensätze, die uns, unser Ich, zu zerreißen drohte –, diesen Prozeß bricht Hitchcock vor dem entscheidenden Stadium ab. Schließt ihn kurz, wie gesagt.

Bei dem, was er Lösung nennen würde, dem Ausgang der Story, Ende des Films, kommen ganz andere Erwägungen ins Spiel. Kommerzielle sehr oft. Jedenfalls herrscht eine Ratio, die weiß, was sie will: Die Manipulation bis zur letzten Sekunde. Das Ich Hitchcocks herrscht, dessen Absicht es nun einmal ist, einen »erfolgreichen Film« in die Kinos zu bringen.

Es ist aber gerade dieses letzte Stadium, auf das die Suspense eigentlich zielt, das bei Hitchcock fehlt und seinen Film letztlich in eine Maschine verwandelt, die *well calculated* ist *to keep you in suspense*. Eben bis zum Schluß, bis zum letzten Bild, völlig durchdacht und von der Ratio durchmustert. Eine Maschine, eine *ride*, *thrill ride* – die dem Zuschauer aber, würde ich sagen, das Beste vorenthält.

Nehmen wir einen der großen Hitchcock-Filme, einen, den manche von Ihnen kennen: »Vertigo« (»Aus dem Reich der Toten«). Der Film kam 1958 heraus, mit James Stewart und Kim Novak in den Hauptrollen.

In »Vertigo« wird James Stewart Zeuge eines Selbstmords – so scheint es. Die Frau, die er im Auftrag ihres Ehemanns beschatten sollte, Kim Novak (im Film heißt sie »Madeleine«) – Stewart hatte sich nach den ersten Tagen in sie verliebt, sie auf Händen aus dem Wasser der San Francisco Bay getragen, vor dem Ertrinken gerettet (unvergeßlich: sein *telltale* geständig-zartes »Madeleine!, Madeleine!«, als er die gerettete Frau im Schatten der Golden Gate Bridge auf den Sitz seines Wagens legt) –, diese Frau stürzt sich Tage später von der Spitze eines Glockenturms und fällt zu Tode. Stewart gibt sich die Schuld – seine Akrophobie (Höhenangst) hatte ihn daran gehindert, die Frau auf der Glockenturmtreppe noch einzuholen. Ein Jahr später – Stewart hatte nach dem Tod Madeleines einen Nervenzusammenbruch erlitten – trifft er, scheinbar zufällig, auf der Straße eine Frau, die Madeleine ähnlich sieht. Stewart wirbt um sie, überredet sie – obwohl sie sich sträubt –, sich auch in Kleidung und Frisur, ja noch in kleinsten Details ihres Make-ups, Madeleine, seiner toten Geliebten, anzugleichen. Madeleine soll vor ihm auferstehen – und aufersteht. Äußerlich zumindest ist die Illusion perfekt. Wir ahnen längst, daß es sich nicht um eine Doppelgängerin handelt, sondern um dieselbe Frau, um Madeleine – um die, die sich damals so nannte. Als Stewart hinter ihr Geheimnis kommt – ihm klar wird, daß er vor einem Jahr Zeuge des Tods einer anderen Frau war, der wirklichen Frau seines Auftraggebers –, will er Novak zu einem Geständnis zwingen. Nochmals steigt er mit ihr die Treppe des Glockenturms empor – jetzt gegen seine Angst, die Höhenangst, ankämpfend, in Haß jetzt, in Wut, in wütender Liebe zu dieser Frau, die ihn – das sehen wir, das ist uns längst klar – doch ebenfalls liebt, ihm nicht ausgewichen war, als Stewart sie, scheinbar zufällig, wiedergetroffen hatte, sich ihr näherte und nicht *sie*, sondern immer nur jene Frau, die er für tot hielt, wiederbegehrte. Machtlos letztlich, machtlos wie Stewart, machtlos aus Liebe, die jeden Plan durchkreuzt, hatte sich Madeleine in größte Gefahr begeben: die Tote zu spielen, nur um, als eine andere geliebt, in Stewarts Nähe zu leben.

Der Schluß aber, die letzten Sekunden des Films, scheinen mir unbefriedigend, »billig«: Eine Nonne, die durch die Bodenluke den Glockenstuhl des Turms erreicht, tritt plötzlich aus dem Dunkel auf Stewart und Novak zu – und erschreckt Novak damit. Novak strauchelt, stürzt rückwärts vom Turm und fällt diesmal wirklich zu Tode. »Er« – Stewart, so schreibt Truffaut in seiner Synopse des Films – »ist nicht glücklich, aber wenigstens befreit.«

Blödsinn, dieser Kommentar. Er ändert auch nichts daran, daß es sich bei diesem Filmende um Surprise handelt – *nicht* um die Lysis der ungeheuerlich aufgebauten Suspense, für die solche Lösung gesucht wurde. Hitchcock wirft hier weg, was mühsamst, 120 Minuten lang, aufgebaut worden war: bis zur zweiten Ersteigung des Turms nämlich (der »Turm« ist in der Alchemie ein Symbol fürs Gefäß!), bis zum »Geständnis« im Turm, einem dramatischen Von-Angesicht-zu-Angesicht der Gegensätze, der ganzen um eine *coniunctio* ringenden Welt – Welt dieser beiden –, die Hitchcock dem Zuschauer auferlegt hatte und die der Zuschauer trug. Diesen konstruierten »*Let's wrap it up and send 'em home shuddering*«-Schluß, dieses aufgesetzte Ende, hatte gerade dieser Film nicht verdient.

Ich weiß, Hitchcock würde sagen: »Patrick, it's only a movie.«

Genau da gehen die Wege auseinander. Hitchcocks Slogan »Manche Filme sind ein Stück Leben, meine Filme sind ein Stück Kuchen« sagt es. Er hat nach bestem Rezept gearbeitet: und herrliche Kuchen gebacken.

Warum nicht.

Ich sage ja auch nur, daß der so grundlegende Prozeß – Suspense –, den Hitchcock meisterhaft in Gang setzt, den er sich aufzubauen bemüht und der so wirksam ist, wenn es darum geht, den Konflikt der Gegensätze in den Zuschauer hineinzuverlegen: weitaus mehr herstellen kann als »Kuchen«. Wenn man ihn nicht kappt, nicht kurzschließt.

Auch am Ende von Chaplins »City Lights« (Lichter der Großstadt) haben wir einen vergleichbaren Moment der Suspense:

Wir wissen, daß das Blumenmädchen, das nun sehen kann, den Tramp, der vor ihrem Schaufenster steht, nicht erkennt. Wir sehen, daß *er* dagegen, sie gerade erkannt *hat*, sich – aus Scheu, aus Furcht vor tiefster Beschämung – nicht zu erkennen gibt. Wie könnte er auch? Wer würde dem Tramp glauben? Sicherlich nicht das Mädchen, das – auch das wissen wir – der Meinung ist, ein reicher junger Herr (nicht irgendein Tramp!) habe ihr das Geld verschafft, die Augenoperation ermöglicht.

Sie wissen, wie Chaplin diese Gegensätze zur Lösung bringt.[3]

Chaplin – hier ist der Unterschied – wußte es nicht, hatte kein »Rezept«. Er hat Monate gearbeitet, gerade an dieser Szene. So ein Ende »konstruiert« man nicht. Es gibt kein Rezept dafür. Man ist ihm – dem Problem, das es stellt – hilflos ausgesetzt. Man erträgt es, bis die Lösung vor Augen kommt. Im Traum, einem »Einfall«, einer »Idee« – oder einer Probe. Einer Schauspielprobe zum Beispiel – wie in »Magdalena am Grab«[4] –, bei der man plötzlich »etwas sieht«.

Plötzlich, unter dem enormen Druck, den man durch die Aktivierung der Gegensätze auszuhalten gezwungen ist, wird etwas sichtbar. Eine Lösung, an die man vorher nie gedacht hätte, wird sichtbar. Die *coniunctio* – Vereinigung der Gegensätze – fordert einen qualitativen Sprung: Licht aus dem Unbewußten, *lumen naturae*.

Geben wir ein weiteres – ein ganz anderes – Beispiel.

Sagen wir, es ist 1962. Sie haben einen Film über ein junges Paar gedreht, in herrlichem Schwarzweiß. Die beiden haben sich erst vor Tagen kennengelernt, gestern schliefen sie zum ersten Mal miteinander. Unausgesprochen aber fühlbar ist, daß keiner von beiden weiß, ob er die Beziehung überhaupt weiterführen will. Trotzdem: Die beiden verabreden sich. Auf morgen abend, heißt es. An einer Straßenkreuzung um sieben.

Da kommt das Ende des Films. Nein, eben nicht das Treffen der beiden, eben nicht die Beantwortung der Frage: Wird das jetzt was mit denen? Eben nicht der erwartete gemeinsame Abend, Sommerabend, das Schlußbild.

Sondern?

Ich weiß auch nicht, wie ihm einfiel, was er dann gefilmt hat, Antonioni. Es ist eine der ungewöhnlichsten, aufregendsten Szenen, die mir je vor Augen gekommen sind.

Ich hatte bei der Abfassung der Vorlesung leider weder das Drehbuch noch ein Tape dieses Films – »L'Eclisse« heißt er – bei mir, um den Ablauf dieser letzten Bildersequenz detailgetreu wiederzugeben. Meine Erinnerung daran soll genügen, Sie werden sehen, was ich meine:

Antonionis Kamera zeigt also, dem Ende des Films zu, den Ort, an dem sich das Paar treffen will:

Eine Straßenecke in einer italienischen Vorstadt.

Nach Feierabend.

Man sieht: In der Gegend wird überall noch gebaut.

Auch an dieser Ecke: Ein Gebäude, das tagsüber verputzt wird. Luftige Bahnen aus durchsichtigem Kunststoff umhüllen das große Baugerüst.

Die Ecke selbst: menschenleer.

Sekunden so.

Da kommt, eiligen Schritts, ein junger Mann ins Bild.

Rennt über die Straße.

Ist schon nicht mehr zu sehen.

Stille.

Aus der Ferne hört man ein Moped.

Das näherkommt.

Vorbeiknattert.

Das Geräusch verweht.

Da!

Ein Passant...

Geht durchs Bild ohne zu halten.

Bei der Ecke am Bordstein:

Steht eine Tonne.

Eine Regentonne, denkt man. Gehört sicher zum Bau.
Jemand tritt ins Bild und –
auch er läuft vorbei.
Nein, nicht ganz.
Jetzt bleibt er stehen, sieht sich um.
Zögert...
Dann geht er weiter.
Geht aus dem Bild.
Wir sehen: Die Regentonne.
Näher jetzt: Sehen schräg in sie hinein.
Sie ist mit schwarzem Wasser gefüllt.
Darüber: ein Rauschen... ein sanftes Brausen.
Als atme jemand tief aus.
Wir sehen: Windgefüllt bauschen sich spielend
jene Hüllen ums Neubaugerüst.
Da hält der Wind still.
Als halte alles den Atem an.
Ein Fahrradfahrer fährt auf die Ecke zu.
Der junge Mann?
Nein, er biegt um die Ecke, tritt aufs Pedal.
Die Fahrradklingel ist kurz zu hören.
Stille.
Über der Regentonne.
Wir sehen auf ihren Wasserspiegel hinab.
Da treibt ein Stück Holz.
Ein kleines Stück Holz auf dem schattigen Wasser.
Bewegt es sich?
Unmerklich fast.
Ja, treibt aus dem Schatten.
Nochmals: Die Straßenecke.
Menschenleer.
Sekunden so.
Dann ist der Film aus.[5]

Das ist ungeheuer. Eine Ungeheuerlichkeit. Ich frage mich – als hätte er sie gerade gedreht, diese Szene: Wie hat er das gemacht, Antonioni? Eben: *nicht* im Sinne der Übersetzer Truffauts: »Mr. Hitchcock, wie haben Sie das gemacht?« – sondern: Wie haben Sie es angestellt, Michelangelo Antonioni, so frei zu sein, dieses Bild aus dem Unbewußten nicht zu verwerfen? Diese Idee: »Wir gehen mit der Kamera hin und filmen, wo sie sich *nicht* treffen.« Dieses »Nichts« – denn »es geschieht ja nichts« –, wie fanden Sie den Mut, das nicht zu verwerfen, sondern ihm nachzugehen bis auf den Grund, ihm *dieses* Ende zu widmen? Diesem »nichts«. Denn das ist neu, ist »unerhört« – das heißt: wurde bis dahin nie zugelassen. Dieses Nichts.

Ich kann meiner Begeisterung dafür gar nicht genug Ausdruck geben: Wie kommt der dazu, da zu sein, wo niemand ist?

Wir wollten uns, während wir diese letzten Bilder sahen, immer wieder einhaken in die Konvention einer Liebesgeschichte, die sich im Film doch gerade anzubahnen schien. Wollten gerettet werden von der Handlung, den beiden, dem Liebespaar, das sich hier treffen soll, treffen wird... sicherlich noch, denkt man.

Aber es kommt niemand.

Doch... doch, es kommen welche, ab und zu. Aber nicht die Erwarteten.

Die Körper, die du erwartest, sind nicht da, aber: *du* bist da. Aber du bist da, du – nicht körperlich, aber als etwas, das du noch nie warst.

Ich muß mich weigern zu sagen, was das bedeutet.

Du bist allein gelassen mit der *materia, deiner materia, materia* deiner Hoffnung, deiner erhofften Bilder, die nicht kamen.

Was bleibt jetzt, was siehst du noch...?

Da, das Stück Holz, das fast unmerklich auf dem Wasser treibt. Das Atmen des Winds hinterm Stoff.

Was siehst du noch, was bist du noch, wenn das Erhoffte nicht eintrifft? Du bist noch etwas... siehst du, fühlst du, alleingelassen, aber präsent. Gegenwärtig, ja: Gegenwart selbst. Du stehst, wo niemand steht – wo niemand stehen *kann*, niemand als du: Du stehst vor deinem Gefäß.

Das ist unerhört – das heißt: das bisher Un-Erhörte wird nun *gehört*. Eine neue Musik, die da aufkommt.

Un-erhört, diese Bedeutung, die das Wort eben *auch* hat – die Vorstellung, daß etwas zu uns sprechen wollte, dem wir unser Gehör aber bisher verweigerten, das wir nicht sehen wollten, für »nichts« hielten –, hatte Goethe, der die Novelle als »unerhörte Begebenheit« definiert, vielleicht nicht mitbedacht, als er so definierte.

Aber auch in seiner »Novelle« kommen, dem Ende zu, bis dahin un-erhörte Stimmen, un-erhörte Aspekte zu Wort, eine Einigung der Gegensätze scheint auf, das Licht der Natur und das Licht des Geistes finden zu einer gemeinsamen Sprache.

Das Bild, in dem die Un-Erhörten bei Goethe symbolisch zusammenfinden, das unerhörte Bild, in das diese Begebenheit mündet – physisch ist es ja das Gefäß jenes alten Schloßhofs, den Goethe beschreibt; psychisch: das *Gefäß unserer Einstellung* zum Konflikt der Handlung –, ist ein Bild der Suspense: Über dem Schloßhof – dem »Gefäß« – warten und beobachten wir mit den Akteuren: sehen den Knaben, der seine Flöte spielt, in die Höhle des Löwen gehen und... –

Sie müssen das nachlesen, das darf man nicht nacherzählen.

Die *coniunctio* jedenfalls, die dort, in solchem Gefäß, zu Stande kommt, wird am Ende – ihren qualitativen Sprung auch sprachlich zum Ausdruck zu bringen – in Gedicht, in Gesang verwandelt:

> *Denn der Ew'ge herrscht auf Erden,*
> *Über Meere herrscht sein Blick;*
> *Löwen sollen Lämmer werden,*
> *Und die Welle schwankt zurück;*
> *Blankes Schwert erstarrt im Hiebe,*
> *Glaub' und Hoffnung sind erfüllt;*
> *Wundertätig ist die Liebe,*
> *die sich im Gebet enthüllt.*

Das ist die Sprache nicht der Logik, nicht des Tags, aber auch nicht des Chaos, des Unbewußten mehr, obschon sie von dort kam, das Bild, die letzten Bilder sicherlich dort ihren Ursprung haben. Sie ist die Sprache der Unerhörten, denn sie spricht für sie und, das ist das Wunderbare, spricht im Einklang mit uns, faßt uns darin verwandelnd.

Wir sprachen über Suspense, das hohe Ziel, das sie, wenn wir sie aushalten, uns letztlich vor Augen führen könnte; wenn wir den Sinn des Aushaltens der Gegensätze nicht verwerfen, der Regisseur oder Autor ihn nicht im *thrill* verkommen läßt, nicht beim *entertainment* bleibt, auch nicht im Ästhetischen luxurierend versackt, nicht im tödlichen, Leben schlachtenden »nur«, das der Suspense vorzeitig ein Ende bereitet: *Hey, it's »only« a movie!*
Was soll das heißen?
That it was a joke? That I should take it easy?
Was denn nun?

»Vertigo«: das wären »nur« zwei Stunden meines Lebens im Dunkeln gewesen? Der Tod jener Frau: »only a movie«? Die Schuld, die jener Mann sich gab, vor dessen Augen sie vom Turm zu Tode stürzte – nur ein *plot point* in einem raffiniert gebauten Drehbuch? Es sind ja Schuldgefühle, wie wir sie auch selbst schon empfunden haben. Zum Beispiel im Traum: Wie oft hat man die eigene Anima dort mißachtet, gequält, unterdrückt, oder »halbtot aufgefunden«, umkommen lassen, gar getötet?

Diese Anima, die *nicht* überlebt, diese zu Tode fallende Frauengestalt, sie ist auch Bild der Zuwendung, die man sich selbst verweigert; sie ist der eigene Traum: unterdrückt, ist der Traum, dem man nicht nachgehen, nicht Statt geben will; ist die Idee, die Hoffnung, die wir *nicht* auszusprechen wagen. Sie, diese »Frau«, ist das Weibliche, ist die Anima in der Psyche des Mannes. Sie ist dein Wunsch nach Liebe, nach Beziehung, dem du nicht Statt gibst, aus Blindheit, Arroganz, Verstiegenheit, aus Angst und trotz deiner Versuche, solche Angst zu überwinden. Du bist wie dieser Mann, der Orpheus der Eurydike, der Mann der Frau in Murnaus »Sunrise«, wie Stewart in »Vertigo« – und »sie« ist in dir, sie fällt in dir, fällt wieder ins Unbewußte, *another Eurydike*, liegt tot in dir, es sei denn... – du hältst sie, im letzten Augenblick, hältst sie noch vor dem Fall, erkennst sie in letzter Sekunde, ziehst sie ans Licht.

»Only a movie!«

Mit solchen Sprüchen ist die Psyche, die all das – *in suspense* – mitgelebt, mitgelitten hat: sofort – und für immer – gewarnt. In den Augen der »Vernünftigen«, der »Macher«, des Kommerzes zumal, ist auch sie, die Psyche: »only pictures«. Als bestünde sie, wie Filme, die

»only movies« wären, »nur« aus Bildern, die letztlich nicht ernst zu nehmen sind.

Man sollte sich einmal darüber klarwerden, daß das zentrale Bild dieser unserer westlichen Zivilisation: ein Bild der Suspense ist.

Ich spreche vom Kreuz.

Vom Kreuz und dem ans Kreuz größter Gegensätze Fixierten, Genagelten, Aufgehängten.

Er hält die Gegensätze aus, die uns zerreißen – denn das ist das Kreuz –, ist zwischen ihnen aufgehängt, hängt über seinem-unserem Abgrund, um in seinem Innersten das unerhörte, ungesehene »Schwarze«, in seiner Dunkelheit am Kreuz unser aller Dunkel auszuhalten, zu durchstehen, zu ertragen und im Gewandeltwerden, dem Prozeß einer ungeheuerlichen Qual, höchster Verzweiflung, höchster Not, Erleidens solcher Gegensätze: uns zu wandeln.

Unser Dunkel zu wandeln, der Menschensohn. Sein Gefäß: der Kelch, an dem er nicht vorübergehen konnte.

Er trinkt ihn aus.

Das Bild der *coniunctio*, der qualitative Sprung, in dem sich diese Wandlung zeigt, wahr wird und nicht mehr die Sprache der Ratio spricht, aber auch nicht mehr die Sprache des Chaos und völligen Dunkels des Todes, aus dem sie, gewandelt, hervortaucht: ist die Auferstehung.

Das ist die Mitte des Kreuzes – wo sich die Gegensätze vereinen. Das ist der Ort, die Schnittstelle, ist der Anfang im Ende: das neue Leben.

Das neue Leben, das in uns ist. In uns allen – und überhaupt deshalb erst zu diesem für unsere Kultur so bestimmenden Bild werden konnte.

Nicht nur in unserer, der christlichen, das wissen Sie, auch in anderen Religionen liegt und lag dieses Bild als zentrales Symbol bereit. Es mag unerhört sein – dieser Tage. Un-erhört, unverstanden.

Aber es *ist*.

Es wartet, beunruhigend nah.

Hängt über uns, in uns, unter uns Aufgehängten.

Ein Schatz im Unbewußten. Ein Licht im eigenen Dunkel.

IV

SONNENUNTERGANG

> Eros ist ein kosmogonos, ein Schöpfer und Vater-Mutter aller Bewußtheit. Es scheint mir, als ob der Conditionalis des Paulus ›und hätte der Liebe nicht‹ aller Erkenntnis erste und Inbegriff der Gottheit selber wäre. Was immer die gelehrte Interpretation des Satzes ›Gott ist die Liebe‹ sein mag, sein Wortlaut bestätigt die Gottheit als ›complexio oppositorum‹.
>
> *Carl Gustav Jung*

Suspense, sagte ich in der letzten Vorlesung, ist also ein durch Separatio, das heißt: Trennung der Gegensätze, erreichter Spannungs-Prozeß im Gefäß, dessen auseinanderstrebende *opposites* der Alchemist sich müht auszuhalten. Suspense – im Gegensatz zur Spannung, auch zur Surprise – impliziert immer ein Ich, das sich der Gegensätze bewußt ist und sie, gleichsam zwischen ihnen gekreuzigt, erleiden soll.

Das heißt, der kreativ Schaffende muß die Suspense des eigenen kreativen Prozesses aushalten.

Das Erdulden der Suspense zeugt die Antwort, sagt dir »mit einem Mal«: wohin der Abschnitt, an dem du schreibst, führt, wer oder was die Figur, die du beobachtest, im Innersten treibt, und wie sich die Geschichte, an der du arbeitest, entwickeln soll.

Der Alchemist oder Künstler hat also einen – wenn auch begrenzten – Einfluß auf die widerstreitenden psychischen Inhalte, solange er bei Bewußtsein bleibt. Der Zuschauer im Kino, der Leser im Buchladen: hat das nicht. Ein zunächst gewaltiger Unterschied. Denn das Buch, der Film, den Sie da miterlebt haben, bleibt unverändert.

Die *materia* des Zuschauers/Lesers allerdings – das heißt, das Ausgangsmaterial für eine Arbeit an sich selbst – könnte sich, unter dem Druck der *opposites*, i. e. der Suspense, gewandelt haben. Und auf diese seine *materia* könnte er nun, der Zuschauer/Leser, – kaum ist das Buch gelesen, das Kino verlassen – allerdings Einfluß haben. Hier beginnt nämlich das unsichtbare Kino, das ungelesene Buch des Lesers, die Kopfinszenierung des eben Erfahrenen: auf einer Bühne, die gänzlich aus seiner eigenen Schatten-*materia* besteht.

Ein Film oder ein Buch, die heftige Emotionen in uns auslösen – wir hören uns dann zu anderen sagen: »Tödlich langweilig«, »Einfach ekelhaft«, »Hab's in die Ecke geworfen«, »Sowas müßte verboten werden«, »Genial, das Buch«, »Das Beste, was ich in letzter Zeit gelesen habe« –, machen mit solchen Affekten *auch* Material sichtbar, das sich in *unserem* Gefäß befindet. Nur ist es dort, wie gesagt, noch nicht identifiziert, von uns noch nicht gesichtet worden. Man trifft dabei eben auch auf den *positiven* Schatten – auf eigene kreative Anlagen, die wir besitzen und die wir, aus welchen Gründen auch immer, »wie die Pest meiden«. Es sind immer die anderen; in diesem Fall: andere, die kreativ sind und auf die wir die unbewußten Inhalte projizieren. Wenn uns die Bedeutung unserer Bewunderung für sie bewußt würde, wäre an ihnen der eigene Schatten – in diesem Fall: das eigene Ungelebt-Unverwirklichte – zu erkennen. Solch eine Entdeckung könnte das *opus alchemicum* des Kinogängers, des Buchlesers einleiten. Und wäre kein Iota weniger wert als die im Buch oder Film geleistete Arbeit des Autors.

Worin besteht nun meine Aufgabe als Schriftsteller?

Immer wieder darin, das Unbewußte, Unpersönlich-Numinose und Zeitlose mit dem Bewußtsein, mit dem Persönlich-Individuellen, mit dem ganz und gar Zeitlichen in Beziehung zu setzen, Schnittstellen der Bewußtwerdung dieser uns alle bestimmenden Gegensätze zu schaffen, zu entdecken, freizulegen. Das Buch nicht als Ziel, sondern als Passage, eine mir im Buch *wirklich gewordene* Passage durch die »*sea of the uncon-*

scious«, die Wasser des Unbewußten. Das Buch als Durchgangs-Ort, an dem die Zusammenführung der Gegensätze im Individuum, das heißt: die Wandlung, beginnen kann.

Ich erinnere Sie an den großen Traum des amerikanischen Tiefenpsychologen Edward Edinger, über den ich in der vierten Frankfurter Vorlesung sprach. Edinger träumte damals, Anfang der siebziger Jahre, er befinde sich in einer Kirche:

»Ein besonderes Ritual muß [dort] zelebriert werden, um zu gestatten, daß die geweihte Abendmahl-Hostie den Boden berührt. Das ist notwendig, da mitten in der Feier des Abendmahls eine Gruppe Terroristen in die Kirche eindringen und ein Drittel der Gemeinde niedermetzeln wird. Und wenn das geschieht – genau in diesem Moment –, muß der zelebrierende Priester die Hostie zu Boden fallen lassen und auch selbst zu Boden fallen und die Hostie mit seinem Körper schützen – wie ein Football-Spieler den Football, der seinen Händen entglitt. Und dies muß getan werden, um die Hostie davor zu bewahren, daß während des Massakers Blut auf sie fällt.«

Dieser Traum zeigt: Die Hostie muß geerdet werden. Solche Erdung des Heiligsten – ein Symbol für die Zusammenführung der Gegensätze – wendet die Not. Die Hostie, die den Schmutz der Erde während des Rituals nicht berühren darf, berührt sie nun, »in stercore invenitur«, der »Schatten« darf ans Licht, das Irdisch-»Sündige«, Verteufelt-Teuflische-in-uns umarmt werden. Denn Unerhörtes hat – in solcher Berührung – nun statt, das Un-Erhörte neue Stätte gefunden: in unserer »Erde«, *materia*, in unserem Irdischsein noch wird das Zerrissene geeint, eint uns Zerrissene: die Wandlung.

Das ist die neue Messe – nichts Neues. Nur ein vergessener Aspekt, in Bildern fixiert, der bei größter Gefahr noch vermitteln könnte.

Ihn zu berücksichtigen wäre not-wendig Teil der Messe, notwendig neuer Gebrauch ihres Sinns, den Edingers Traum in Bildern ausagiert. Und wir müssen sie, diese »Hostie«, diesen innersten psychischen Kern, unseren *Seelenstoff*, mit unserem ganzen Körper, mit allem, was wir haben, mit unserem ganzen Bewußtsein: zu schützen wissen. Denn wir befinden uns in einer Zeit der Auflösung, in einer Welt größter auseinanderstrebender Gegensätze, die das bewußte Ich zu zerreißen, das heißt: gänzlich ins Unbewußte zu stürzen drohen.

Wo die Zusammenführung, das Vermitteln zwischen den Gegensätzen nicht betrieben wird, vom Ich nicht bewußt gefördert wird, kann das Unbewußte auch nicht in seinem vermittelnden, seinem heilenden Aspekt zur Wirkung kommen, kann kein zusammenführendes Drittes zeitigen. Das Unbewußte würde sich dann – in diesen Gegensätzen – gewaltvoll entladen und uns bewußtseinsüberflutend vernichten.

Die augenfällig größte Gegensatzspannung – Suspense: im Moment, da wir uns ihrer *bewußt* werden – herrscht zwischen Leben und Tod. Letztlich sind sie Synonyme für das Gegensatzpaar, von dem eben die Rede war: also für unser Bewußtsein und das Unbewußte.

Und was wäre der Sinn dieser *ultimate suspense*?

Ja, warum sollten wir hier nicht, wie bei allen anderen Suspense-Anordnungen, nach dem Sinn fragen, beachten, wo wir uns um ihn betrügen, den Prozeß vorzeitig kappen?

Bei Suspense geht es – in ihrem wichtigen letzten Stadium, das die Unterhaltungsindustrie ignoriert – um die Zusammenführung der Gegensätze: nach ihrer bestmöglichen Separatio nämlich. Aus solcher Einung (coniunctio) kommt neuer Sinn, denn das Getrennt-Gegensätzliche ist auf neuer Ebene ganz geworden.

Die Frage ist doch: Ist etwas aus diesem Leben hinüberrettbar? Ein Sinn? Etwas, das bliebe, von uns bliebe, nicht das Ich selbst, aber eine individuelle Spur davon, ein Wert, der dem Sinn des vom Ich Gelebt-Erlittenen entspräche?

Bleibt etwas – »von uns«? Eine Spur? Gibt es Bilder dafür?

Die Separatio, die zwischen den Gegensätzen Leben und Tod besteht, läßt in den Regionen der Ent-Scheidung Bilder-des-Übergangs entstehen. Bilder, die mir »packend«-sinnvoll erscheinen, weil sie, noch im äußersten, zwischen den Gegensätzen hin- und herführende Motiv-Fäden spinnen, über die Sinn vermittelt wird.

Kein »objektiver« Sinn. Denn gerade der Tod, der zu allen kommt, unter den alle müssen, ist ja nicht kollektiv – nur in Geschichtsbüchern und Berechnungen der Statistiker ist er das. Sondern da kommt, verkleidet als »Der nach Jedermann ruft«, ein Eigenster, gibt uns in den letzten Sekunden das Leben, wie es uns nie gehört hat: indem er es nimmt. Nimmt, indem er eins wird mit ihm. (Aspekte davon sind nachzulesen – *vor*zulesen, wenn Sie so wollen – in Tolstois »Der Tod des Ivan Iljitsch«).

Was immer da kam – wir nennen es den Tod –, eins zu werden mit dem Leben, kann nun auch nicht mehr sein, was es zuvor gewesen war. Wie das Leben, so stürbe also auch der Tod: in dieser letzten Vereinigung der Gegensätze. Das Dritte, das aus beiden entsteht – entstehen muß –, kennen wir nicht.

Aber es gibt, wie gesagt, Bilder, die das Ich nicht gemacht hat – das heißt: Material aus dem Unbewußten, das über gewisse Aspekte dieses Dritten, Aspekte seines Zustandekommens und unserer Aufgabe dabei, allerdings etwas aussagt.

Letztes Jahr im August, es war während der Wochen vor dem Auszug aus dem Valley, hatte ich einen Traum von Lou. Lou Sederman – war mein Nachbar gewesen, ich hatte von diesem achtundneunzigjährigen Mann in der ersten Frankfurter Vorlesung erzählt, war damals mit ihm über die Hügel, die das Valley von Hollywood trennen, ins »Tal der Schatten« zurückgefahren, sein Tal, ein Hollywood, das er seit einem Vierteljahrhundert nicht mehr betreten hatte. Lou hatte mir am Ende unserer Reise den Feigenbaumzweig des »brown turkey fig tree«, den er aus seinem wiedergefundenen alten Garten geraubt-und-gerettet hatte, vor Augen gehalten. Es war, als sage Lou zu mir: *So* kommst du aus dem Tal der Schatten wieder ans Licht: Du greifst dir etwas – im Unbewußten –, erfaßt etwas vom Längstvergessenen-»Toten«, das dir einst neue Wurzeln treiben wird. Er hielt mir den Feigenbaumzweig hin und meinte: »If you stick that in a bottle of water it'll root.«

Manche erinnern sich vielleicht: Lou war ein »no fiction«-Mann. Seit den fünfziger Jahren hatte er sich keine Filme mehr angesehen, auch keine Romane, keine *fiction* mehr gelesen. Da liege, so meinte er, das Geheimnis seiner geistigen und körperlichen Gesundheit.

Ich kam damals, einige Wochen nach den Vorlesungen, aus Frankfurt nach Sherman Oaks zurück und sah, daß man Lous Apartment während meines Aufenthalts in Deutschland ausgeräumt hatte. Den Angehörigen waren seine gesundheitlichen Krisen – »*emergencies*«, die sich plötzlich mehrten – zuviel geworden, man hatte ihn, letztlich mit seiner Zustimmung, hieß es, in ein teures Pflegeheim auf dem Ventura Boulevard nach Encino verfrachtet. Dort hatten wir, seine ehemaligen Apartment-Nachbarn, und ein paar alte Jungs seiner Freimaurerloge, die in voller Uniform gekommen waren, noch seinen 100. Geburtstag gefeiert.

Als mir der Traum kam, hatte ich Lou fast sechs Monate – eben seit seinem 100. Geburtstag – nicht mehr gesehen.

Im Traum stand ich mit einigen anderen am Schalter einer amerikanischen Bank an. Die Schalter selbst besaßen noch, wie in den zwanziger Jahren, kleine altmodische Gitter. Ansonsten erinnerte mich das Innere eher an meine heutige Bank, die »Bank of America« in Sherman Oaks. Alle Schalter rechts von uns – drei oder vier blinde Fenster – waren geschlossen. Hier stand niemand. Nur der Schalter ganz rechts, der letzte Schalter in der Ecke, war geöffnet. Aber da, wußte ich, wurden ausschließlich »safe-deposite-box«-Geschäfte getätigt. Eine Frau bediente dort einen einzigen älteren Kunden. Sonst stand niemand an.

Dieser Kunde war Lou, erkannte ich jetzt. Er sah gut aus, etwa so, wie ich ihn vor fünfzehn Jahren kennengelernt hatte.

Lou reichte der Frau gerade einen dicken braunen Umschlag unter dem Gitter durch – sah aus wie ein »Manuskript« oder »wichtige Papiere«. Auf dem Umschlag selbst hatte er etwas notiert, das die Bankangestellte uns allen nun vorlas. Ihre Stimme klang freundlich, jenem Kunden gewogen. Sie las – ich erinnere mich nur noch an Teile davon:

»Ich habe dieses Konto seit 1910 besessen. Ich werde jetzt ausbezahlt. Ich werde mir Land kaufen«.

Lou selbst hatte sich, während sie sprach, zu mir hergewandt, sah still und feierlich zu mir herüber. Bei ihren letzten Worten: »Ich habe ein gutes Leben gehabt«, lächelte er und schlug mit der flachen Hand auf den Bankschaltertresen, als wolle er sagen: That's right, that's it!

Da wandte er sich von mir ab, der Frau wieder zu.

Das war der Traum. Ich dachte sofort, noch im Halbschlaf: *He's buying the farm* – ein Idiom für das Sterben, den Tod. Die »Farm«, das »Land«, das man da kauft, liegt im Jenseits. Ich war beunruhigt, traurig – aber auch unbestreitbar froh: Sah Lous freudiges Gesicht vor mir, als die Frau seine Worte an uns verlas: »Ich habe ein gutes Leben gehabt«. Ich dachte: Es ist, als sei er – mit dieser Nachricht, Traumnachricht – gerade hier gewesen, jetzt, bei dir gewesen, dich das wissen zu lassen, sich so noch einmal zu zeigen. *So.* Denn: »That's it«, das war's – du siehst ihn nicht wieder.

Ich ging den Traum mehrfach ab. Was mich faszinierte, war das Bild jener Abgabe eines Individuell-Eigenen, eines letzten Wertes – im Traumbild ähnelte er ja einem Umschlag, in dem sich ein Manuskript befinden mochte –, einer Weitergabe unter der »Schranke« durch, durch die Gitter-Öffnung »hinüber«, zur anderen Seite. Das Bild einer Übergabe des letzten Wertes – *for safekeeping*; das heißt: es wie in einem Safe aufbewahrt zu wissen –, das Bild so einer Übergabe an eine unbekannte

Frau – die in den Träumen eines Mannes, wie wir wissen, das Unbewußte personifiziert, die Anima –, spricht, wenn ich es recht bedenke, von einer Ungeheuerlichkeit, einer ungeheuren Möglichkeit für uns, für unsere Arbeit, unser Leben.

»Was war im Umschlag?« könnte man fragen. Und den Kern dieser Ungeheuerlichkeit, die das Bild darstellt, leichthin übersehen. Denn *daß überhaupt etwas* »for safekeeping« *durchgegeben* wird, unter der Schranke hindurch, daß also – hier, im Bild des Traums gesprochen (denn nicht »ich« spreche ja, nicht Lou, sondern dieser Traum, ja das Unbewußte selbst, indem die Anima Lous Worte verliest) –, daß also etwas aufbewahrt würde »von uns«, »safe« wäre, ja: ein *Wert* wäre – wert genug, aufbewahrt zu werden: im Zeitlosen nämlich, im Unbewußten selbst –, *das* ist das Ungeheure.

Also anders gefragt: Warum würde überhaupt etwas »abgegeben« werden *for safekeeping* – wenn das Bild ein Ende darstellt, Lous Ende, seinen Tod?

Was immer es war, Lou reicht es durchs Fenster des »safe-deposit«-Schalters. Es ist etwas-von-ihm für den »safe«. Für einen »Kasten«, in dem er Papiere, Werte, aufbewahren läßt, die nicht verlorengehen sollen.

Wir sind jetzt beim Bild eines »Kastens« – verschließbaren Gefäßes –, in dem ein letzter – individuell bestimmter – Wert deponiert wird, *gefaßt* werden soll, am Ende.

»Wie verrückt«, könnte man sagen. »Was soll ein Toter, ein Sterbender, denn ›abgeben‹ außer... – sein Leben?«

Das Leben oder ein Teil dieses Lebens, ja selbst ein Augenblick »nur«, in dem das gekreuzigte Bewußtsein es zuläßt, daß ein Bild der Vereinung der Gegensätze wahr wird – im eigenen Kopf, im eigenen Gefäß: real wird, lebendiges Fleisch –, muß, im alchemischen Sinne, als *opus* verstanden werden.

Das Ich, das es bewußt durchlebt, wäre dann Stätte einer Wandlung geworden. Ein Teil des unermeßlichen Unbewußten: wäre hier in ihm – in diesem Ich – bewußt geworden. Aus Wirren, Leiden, Kreuzigungen heraus: hätte ein Menschen-Ich etwas gezogen, geläutert, gewandelt – oder (was dasselbe ist) wäre gezogen, geläutert, gewandelt worden.

Und *das* würde nun abgegeben.

Das gäbe der Sterbende ab.

Wenn sein opus gelingt, bleibt etwas. Ja: Etwas von ihm. Nicht hier im Vergänglichen. Sondern im »safe« des Unbewußten selbst.

Etwas von uns, die wir alle in dreißig, vierzig, fünfzig Jahren, nicht mehr am Leben sein werden.

Fühlen Sie auch manchmal so? Sie spazieren auf einer belebten Straße: Hunderte, an denen Sie vorbeiziehen, Dutzende, die Sie streifen, die Sie – jetzt – im Moment auf der Straße – *zum letzten Mal sehen werden*. Weil die ganze belebte Straße, all die Lebenden, von denen Sie noch gar nicht Abschied genommen, die Menschen, denen Sie noch kein Wort gesagt haben, die Kon-Temporären, die Gleichzeitigen, alle, die Sie da sehen: im Grab liegen werden – eine Geisterstraße vor Ihnen. Und: längst vergessen.

Wie unbewußt man sieht, was man sieht, wird da bewußt. Eine Sehnsucht wird wach, ein Geheimnis, das man sekundenlang allen mitteilen will: das Leben der Gleichzeitigen, das Leben als »Ihr-die-ihr-mit-mir-gleichzeitig-seid« mit der ganzen Straße zu feiern (»Alle mal herhören: Wir sehen uns in diesen Sekunden zum letzten Mal!«), in allen Gesichtern Vorbeigehender nun

Verschworene zu erkennen, Verschworene unseres Lebens in der jetzt-und-so-erkannten Gemeinschaft *dieser* Passantensekunde, ja zumindest die Sehnsucht im namenlosen Gesicht, als verschworen-gleichzeitig erkannt und von jedem Vorbeigehenden passantenfestlich geschätzt zu werden.

Momente später geht man doch weiter – am teuren Angebot solcher Vision vorbei –, macht die Besorgung »im Aldi«... – weil's uns dort billiger kommt.

Aber hier – nochmal zurück –, hier im Traumbild, heißt es: Lou Sederman gibt etwas ab, *for safekeeping*, für den Safe.

Dieser scheinbar ganz gewöhnliche Alte: gibt am Ende etwas ab, etwas-von-sich, reicht es hinüber, am Vergänglichen vorbei, quasi über die belebt-vergängliche Straße hinweg, von der wir gerade sprachen, ins Unbewußte zwar, in ein Zeitlos-Sicheres aber zugleich.

Wie ist das zu verstehen?

Wir müssen noch eine Stufe weitergehen. Denn: was hätte er da gewandelt, der Mensch?

Ich sprach davon: seinen Schatten, die eigene *materia*. *Die* würde, ins Bewußtsein gezogen, gewandelt werden.

Also gibt er das ursprünglich Unbewußte – gewandelt – wieder ins Unbewußte zurück?

Das sagt das Bild. Lou gibt eine Essenz ab – einen Wert –, den er aus seinem Leben, aus seiner *materia* erlitten-gewonnen-gewandelt hätte.[6]

Dieses von ihm ins Unbewußte Zurückgegebene würde, sagt das Bild, nun nicht mehr »unbewußt unter Unbewußtem« sein, nicht mehr eins mit dem Unbewußten, sondern bliebe gewissermaßen »separiert«, in einem »Kasten«, »Safe«, ein bleibender Wert, aus dem Unbewußten gewonnen, aus dem Meer des Unbewußten »gekauftes Land«. Das ist das »Land«, das Lou »kaufen« wird; das ist Landgewinnung im Angesicht uns umgebender Flut.

Auch die neutestamentliche Parabel von den Talenten sagt das: Das uns Gegebene muß vermehrt, muß gewagt, muß gewandelt werden: Es soll nicht mehr sein, was es war, wenn der Tag kommt. *The day of reckoning*. Wenn abgerechnet wird. Auch da wird ein Letztes gegeben. Und genommen nur dem, der darauf saß, es beerdigt, tot hielt, es nie wachsen, das heißt: es sich selbst nie zu lebendigem Bewußtsein kommen ließ.

Was ist das Unbewußte, das uns umgibt, von allen Seiten durchdringt – wenn nicht der unbekannte Gott, der dunkle Gott? (wobei »dunkel« und »Dunkelheit« im folgenden nicht negativ wertend gemeint sind).

Es ist der unerkannte Gott – der unbekannte –, von dem C. G. Jung spricht, wenn er ihn so umschreibt:

»Bis zu diesem Tage ist Gott der Name, mit dem ich alle Dinge bezeichne, die meine vorsätzlichen Wege gewalttätig und rücksichtslos durchkreuzen; alle Dinge, die meine subjektive Sicht, meine Pläne und Absichten umwerfen und die den Lauf meines Lebens zum Guten oder Schlechten ändern.«

Der unerkannte Gott will seine »Dunkelheit« uns einverleiben: Das ist der individuelle (eben nie kollektive) Prozeß schmerzvollster Bewußtwerdung, das *opus*, dem wir assistieren. Das heißt: In seiner Unerkanntheit kommt er uns an, als Unbekannter durchkreuzt er uns mit dieser seiner Dunkelheit, um dabei in uns in Sicht zu kommen, auch: in uns *zur* Sicht zu kommen, zur Menschen-Sicht, das heißt: zu Bewußtsein zu gelangen im Angesicht eines Gegenüber. Erkannt zu werden. Wir wären – unser aufflackerndes Leben, unser Bewußtsein wäre: verwandelndes Licht in der Dunkelheit, *Seiner* Dunkelheit, *wenn* unser Bewußtsein »vor [Ihm] in die Bresche tritt für das Land, daß [Er] es nicht verderbe« (Jecheskel [Ezechiel] 22,30), wenn es, unser Bewußtsein, dem dunklen Gott also standhielte – in menschlich-individueller Sehnsuche nach Sinn, nach Gegenwart im Angesicht des Anderen, nach jener »Stadt am Meer«.

Der unbekannte Gott will in uns – denn wir sind sein Gefäß – erlitten, geläutert, gewandelt werden, das heißt: in unserem Leben, in unserer Arbeit, unserem »opus«, bewußt gemacht, aus seinem – dem uns individuell zugefallenen – Schatten gezogen werden.

Das wäre die Aufgabe – für den, der sie angehen will. Aufgabe des Schriftstellers, des Filmemachers, des Künstlers –, wie ich sie sehe. Wie sie niemand sonst sehen »muß«. Wie sie andere vor mir erkannt haben, ungleich tiefer, eindringlicher – und wieder andere vor diesen. Aber von denen kann ich nichts sagen, das bindend wäre – für *mich*. Nur die eigene Erfahrung ist bindend.

Sobald man Gott im Munde führt, von solchen Vorstellungen überhaupt spricht, sehen viele nur dieses »Höchste«, eine gewaltige Lichtgestalt, Gottvater, Kathedrale und Orgelmusik... – und dann glauben sie, der Redner selbst stünde im Priestergewand da, zelebriere. Gar noch für sie, worum sie gar nicht gebeten hatten.

Und manche sehen, angeekelt von solcher Anmaßung, das Gegenteil – den Gotteslästerer.

Sobald man von Gott spricht, werden die Gegensätze aktiviert, gibt es für die meisten nur noch Für oder Gegen. Dabei darf nicht vergessen werden – bei all diesem Reden um Letztes, um Äußerstes –, daß Gott auch das Gewöhnlichste ist. *In stercore invenitur.* Der graue Alltag.

Da, schon in der kleinsten Aufregung, dem »dümmsten Problem«, dem Fehler, der uns unterläuft und auf den uns, als sei das nicht genug, ein anderer rügend hinweist, ist dieses Letzte schon. Und leckt an uns. Will sichtbar werden – erkannt... und doch unsichtbar bleiben. Im Alltag ist er überall: der unerkannte Stein. Grau, unscheinbar, sekundenlang »ärgerlich« – und wieder »nichts«. Herrscht dabei über uns, unter uns, ohnegleichen. Er ist der unverdauliche Alltag. Ist »just a slob like one of us / just a stranger on the bus« (Joan Osbourne).[7] Ist der vergeudete Nachmittag. Das Stück Holz im Wasser der Tonne.

Ich habe also nichts. Habe nicht »die Antwort« – bin auf der Suche. Notwendig. Und berichte Ihnen davon.

Ist es nicht das, was Sie hören wollten?

Mein Alltag, der Alltag des Schriftstellers, ist voller Niedrigkeiten, dumm-dumpfem Stolz, Überhebung – im besten Fall: rechtzeitig erkannt; voll Nicht-Könnens, voll Kraftlosigkeit, Gewöhnlichkeit – im besten Fall: randvoll von Sehnsucht, »ich laufe über«.

Das Bild von Lou, der etwas Letztes am Schalter abgibt, das jene Frau im Bereich hinter der Schranke nun deponiert, sagt: Dieser Mensch händigt aus: gewonnenen Wert, etwas, das nur durch die Zusammenarbeit seines Bewußtseins mit dem Unbewußten, durch die dabei entstandene Zusammenführung der Gegensätze, entstand – und das bleiben wird.

Ohne Lou, ohne sein Leben, das ihn im Leiden zu wandeln vermochte, weil er sein Leiden annahm, hätte das Unbewußte diesen individuellen »Splitter vom Stein« nicht zu Tage gebracht. Alles wäre unbewußt geblieben. Unverändert unbewußt.

Nun hat er, dieser Mensch, das Unbewußte verändert. Denn er hat etwas hinzugetan – safe-deponiert –, was es ohne ihn so nicht gegeben hätte. Im Bild gesprochen: einen Splitter vom Stein. Das heißt: der Stein »ist«, ist einerseits immer schon ganz – »wird« aber zur selben Zeit auch: zusammengetragen, nämlich: neu gewonnen, gewandelt, in Splittern – den Teilen des »zerstückelten Gottes«, hätten andere sie vor uns genannt – wieder neu zusammengesetzt.

Denn das Unbewußte ist numinos.

Das Traumbild würde mir mithin sagen, daß es möglich ist, auf das Numinose Einfluß zu nehmen. Ein Gedanke so ungeheuerlich, wie wenn ich sagte – aber ich sage ja nichts anderes –, daß ein Mensch, ein Menschenbewußtsein, Gott »verändern« könne: indem er diesen Gott in den Gegensätzen erleidet, sie – sein Kreuz auf sich nehmend – sich zu Bewußtsein bringt und sie damit zur Zusammenführung und Wandlung befähigt.

Im gewandelten Menschen wandelt sich Gott.

Wenn ich den Akzent dieser Aussage – die den Menschen als Gefäß Gottes begreift, in dem Gott sich wandelt – nur ein wenig verschiebe, zum Ich hin nämlich, in Hiobs Richtung, die ungeheure Bedeutung des invidiuellen Bewußtseins betonend, welches die Aufgabe, das *opus*, nicht nur erleidet, ohne ihm auszuweichen, sondern ihm assistiert, sich und die Welt in solcher Arbeit versteht, sein Ziel darin sieht, dann müßte ich sagen:

Der gewandelte Mensch wandelt Gott.

Ein solches *opus* – das sollte klar sein, bleibt allzu »leicht gesagt« – ist ein Martyrium, das man niemandem wünscht. Es stößt dir zu, wird dir aufgezwungen, bricht gewaltvoll über dich herein.

Eine Wandlung zum Beispiel, die über ein Leben hin sich anbahnt, ja über mehrere Leben hin (wenn man Rex, Moss, Gary als nicht zufällige Vorläufer, als Vorstadien eines sich steigernden Prozesses der Individuation betrachtet, sie mitbedenkt), wäre dargestellt in jener Frauenfigur, June, in der vierten Geschichte von »Starlite Terrace«. In June, die – in einem spontanen Ritual – eine wahrhaft religiöse Handlung vollzieht. Da, in den letzten Momenten der letzten Geschichte, ist etwas gewonnen; ist im Kelch-Gefäß des Pools, im scheinbar unbeachteten, scheinbar ausgelebten, ausgebrannten Individuum: etwas gewandelt worden.

Sunrise der Menschentochter.

So, endlich, nach langem Aushalten hat sich: Verbindung ergeben – gewaltigste Gegensätze, die Junes Leben bis dahin bestimmt, die es zerrissen hatten, stehen nicht mehr auseinander. Jemand weiß, zwischen ihnen zu schwimmen, zu tauchen, hat das Wasser des Unbewußten im Akt der Bewußtwerdung – welcher Mut trieb sie an, »so verrückt« zu handeln? – geheiligt.

Das heißt: So hat es June getan. »Meine« June. Das ist nicht für andere. Jeder müßte ihn selbst finden, seinen »Pool«, ihn mit seiner eigenen Asche besäen, aus ihr neu aufzu*er*tauchen, sich am Stein wieder an Land zu ziehen.

In »Reiter auf dem Sturm« findet sich ein Bild, das mich an Lou erinnert. Auch dieses Bild – es ist das Bild der Sintflut, die Geschichte Noahs und seiner Sieben in der Arche, aber bei mir eben auch die Geschichte der Zwei, Geschichte des Ur und seiner Frau, die verwandelt wird –, auch hier also wird von der Extraktion und Übergabe einer Essenz, eines letzten Wertes gesprochen, seines »safe-deposit« in einem »Kasten« – in dem der »gesammelt-extrahierte Wert« den Tod überlebt, bewahrt bleibt in dieser Flut des Unbewußten, die alles, was »Atem hat«, vernichtet.

Mit diesem Ur aber, der die Vernichtung eben nicht innerhalb, sondern außerhalb des schützendes Kastens überlebt, haftet ein Ich am Ewigen, an jener »Arche«, dem unzerstörbaren Gefäß. Was läßt – was befähigt – Ur, Gott in seiner Vernichtungswut auszuhalten? Die verbindende Liebe zu seiner Frau, die dieser Ur – wie im Märchen die Schwester den verwandelten Bruder – nicht aufgibt; und die *ihn* nicht aufgibt, Verbindung hält. Das ist die Anima, ein Archetyp des Unbewußten – und also ein Aspekt des Göttlichen selbst, der in der Liebe verbindet, dem einzig rettenden – uns alle wandelnden – »Gefäß«.

Ur erinnert an Tirza, die sich in »Corpus Christi«, dem dritten Band der »Resurrection«-Trilogie – während der Kreuzabnahme Jesu ins Grab schlich. Wie Tirza ist Ur ein »I-witness«. Denn er zeugt – wie sie – als menschliches Ich nicht nur von Göttlichem, sondern von unserer Spur im Unbewußten, die darin zu hinterlassen, vom Stein-Splitter, der dahinein zurückzugeben wäre. In seinem Sehnen, Sich-Ängstigen, seiner Ohnmacht, seiner Liebe ist Ur wie Tirza, ein Mensch, ein Bewußtsein-das-wissen-muß, einen Weg finden muß, getrieben von Liebe, von größtem Verlangen: nicht mehr »getrennt« zu sein, auszuhalten – komme, was da wolle.

Sie mögen sagen: »Das sind ja nur Bilder, nur Ihre Bilder – ›Ur‹ und ›Tirza‹. Die ›zeugen‹ doch von nichts – schon gar nicht von irgendeiner Ich-Spur im Jenseits.«

Ich kann nur wiederholen: Ich habe die Bilder nicht gemacht. Meine Bilder, ja. Aber nicht von mir.

Es sind ja gerade solche Funde – Funde bei der eigenen

Arbeit an »Bildern, die kamen«; Arbeit an ihrem Sinn-für-dich, zunächst nur für dich, nicht für andere – die deshalb so faszinieren, *weil* du sie nicht gemacht hast, weil sie »dir kamen«. *Wie* du sie betrachtest, mit ihnen in Beziehung trittst – mit diesen Bildern –, ist dann entscheidend: für jede weitere Zeile. Nein – alles entscheidend.

Am Morgen nach dem Traum, in dem mir Lou erschienen war, rief ich sofort im Pflegeheim an. Lou hörte meine Stimme, da bin ich mir sicher – aber er brachte kein einziges Wort mehr heraus, keuchte nur immer wieder. Schließlich – hilflos und wütend zugleich, schien mir – legte er den Hörer beiseite. Einige Minuten lang blieb ich am Apparat, dachte, er würde wiederkommen, bis mir klar wurde, daß ich ihn bei seinen Qualen belauschte... Daß Lou glaubte, den Hörer längst aufgelegt zu haben. Glaubte, allein zu sein. Ich hörte ihn im Zimmer umhergehen, stockend, näher, entfernter, um Atem ringend, fürchterlich hustend – schmerzvolle Versuche, seine Lungen von irgendwelchem Zeug zu befreien... Tags darauf starb er.

Tauchte aber nochmals auf. Wie immer, wenn ein Mensch, der uns viel bedeutet hat, stirbt, und wir Zeichen finden von ihm.

Als ich auf Apartmentsuche in Santa Monica unterwegs war, wollte man mir eine Wohnung zeigen. Sehr klein sei sie, hieß es. Vor der Treppe zum Apartment stand ein Baum.

»Und das ist ein...?« fragte ich, als ich am Fuß der Treppe stand, die Wohnung noch nicht gesehen hatte.

»Ein Feigenbaum« sagte Deborah, die Vermieterin. *Die* Sorte sei allerdings rar geworden, meinte sie. Leute kämen von fernher, wenn dieser Baum Feigen trägt.

»Ein *brown turkey fig tree* ist das«, sagte Deborah.

Hier stand er vor mir, der Baum, den ich selbst nie gesehen hatte, der Feigenbaum, der in der Mitte von Lous altem Garten in Hollywood stand – der Baum, von dem er den Zweig gebrochen, geraubt-gerettet, zu mir zurückgebracht hatte.

»Wenn du den in eine Flasche Wasser stellst«, hatte Lou damals gesagt, als ich viel zu aufgeregt war zu verstehen, »dann treibt er dir Wurzeln.«

»That's right, that's it«, habe ich zu Deborah gesagt, stieg die Treppe nach oben und zog noch am selben Tag in meine neue Wohnung in Santa Monica ein.

Am ersten Januar 2004 wollte ich mich mit einem befreundeten Paar, Meahan und Nina, am Strand treffen. Ich fand sie zunächst nicht. Am ersten Tag des Jahres war der Strand um den Santa Monica Pier voller Familien, Latinos, Chinesen, Japaner, Russen, Koreaner, Armenier, manche in die Sandburgen, Türme und Wassergräben ihrer Kinder verliebt, andere robbenmäßig hingefläzt, dösend oder kosend, ohne Sicht auf das Drama der bis zum Hals Vergrabenen fünf Schritte hinter ihnen, andere wieder, an mir vorbeigezerrt, schreiend, die Arme nach mir ausstreckend, von klitschnassen Verschwörern in die Brandung geworfen. Dazwischen staksten Touristen, auf die Uhr schauende, Landkarten konsultierende, vespernde deutsche, auch zwei bestohlene französische, von Amerikanern getröstete, in den Arm genommene *hitchhikers* – denen ein Rucksack am Strand – sie hatten ihn »j'sais pas où« abgestellt, um bis zu den Knien in den Pazifischen Ozean zu waten – abhanden gekommen war.

Es war schon halb vier, als ich, an einer etwas stilleren

Stelle des Strands, das Handy in meiner Tasche klingeln hörte.

Sie müßten irgendwo in der Nähe sein, sagte Pete.

Ich sagte: »Ja, ich müßte auch irgendwo in der Nähe sein. Seht ihr mich?«

»Wir sehen dich nicht«, hieß es.

»Wo seid ihr?«

»Hier, hier sind wir.«

»Ja, ich weiß, aber...«

»Wir winken! Siehst du uns nicht? Wir sehen dich.«

Sie hatten den Übergang über den Pacific Coast Highway Ecke Idaho genommen, um zum Strand zu kommen. Ich hatte sie ein Meile weiter südlich am Pier erwartet, war aber beim Suchen den Strand hinauf weitergetrottet, vorbei an Perry's blauer Bude, und jetzt etwa auf der Höhe des ehemaligen Strandhauses von Peter Lawford angekommen, in dem Kennedy und Marilyn Monroe sich während ihrer Affaire 60/61 getroffen hatten.

»Kein guter Treffpunkt für Demokraten«, meinte Meahan, deutete dabei aber in eine andere Richtung: auf den erzkonservativen »Jonathan Club« hinterm Speedway. Reagan sei dort früher ein- und ausgegangen.

Vor den in Reih und Glied aufgestellten Sonnenstühlen und -liegen des Clubs musizierte auf einem bunten Podest eine Band – natürlich mit Rücken zum Strandvolk –, spielte den republikanischen Millionärsfamilien ominös auf. Nein, nicht »Happy Together« von den Turtles, sondern – man sang, man klatschte und ließ zum Vierviertakt klatschen –:

> *We all live in a yellow submarine,*
> *Yellow submarine, yellow submarine.*

Ich schrieb damals an »Reiter auf dem Sturm«, der dritten Geschichte von »Starlite Terrace«, und empfand es als *synchronicity*, unter dem Bild – in das alle, die »zum Club gehören«, einstimmten, sich *immer* einstimmen lassen – ein anderes auftauchen zu sehen. Ist es Naivität – a life of ease, another day in paradise –, die uns blind dafür macht, daß das Bild vom Ungeheuer »Arche«, der Weltkatastrophe der Archenzeit nämlich, unterm Schunkellied vom »gelben Unterseeboot« mitzieht, herbeibeschworen im selben Viervierteltakt »Maß hält«, bevor es auftaucht, die Wasser teilt und das Maß unserer Unbewußtheit maßlos zerbricht?

»He acts it as life before he apprehends it as truth« – sagt Emerson vom Menschen: Er lebt die Antwort – die Antwort »auf jene Fragen, denen er nachzuspüren vermag« –, *bevor* er sie als Wahrheit begreift.

> *As we live a life of ease,*
> *everyone of us has all we need,*
> *sky of blue and sea of green,*
> *in our yellow submarine.*

Wir überquerten den Strand zum Wasser hin, wo man die Band nicht mehr hören konnte, waren froh, daß es mit dem Wiedersehen ehemaliger Nachbarn geklappt hatte. Meahan, der Ire aus der Bronx, war ein paar Jahre nach dem Tod seiner Frau Nancy aus unserem Apartmentgebäude im Valley nach Santa Monica umgezogen, hatte Jahre später die viel jüngere Frau, Nina, »a Chinese-American«, geheiratet. Ich war ihm quasi nachgezogen, hatte ihn jetzt, zufällig, in dieser Stadt am Meer, wieder als Nachbarn; sie wohnten nur zwei Straßen weiter.

Wir setzten uns auf die Sandböschung, vor der die auslaufenden Wellen ihre Netze warfen, sprachen über das alte Valley, die grandiosen Sonnenuntergänge dort – die Chemie-Partikel in der Luft, die malerisch mitmischten –, und irgendwann kam die Rede nochmals auf Nancy, Meahans verstorbene Frau. Meahan erzählte von einem Bild, das er 1992 nach einem Traum gemalt hatte. Im Traum hatte er den Tod riesengroß am Himmel über dem Meer gesehen: mit seinen schwarzen Flügeln alles bedeckend, auch den Strand, auf dem wir jetzt saßen. Sein Traum sei zu einem Zeitpunkt gekommen, als weder er noch Nancy von der Aids-Diagnose ahnten, die ihr ein Jahr darauf gestellt wurde. Nancy bat ihn dann, das Bild zu übermalen; sie wollte es während ihrer letzten Wochen so nicht in der Wohnung haben. Und Meahan hat es dann übermalt.

Wir schwiegen eine Weile, und Nina nahm ihren Mann in den Arm.

Ich wollte ihm sagen – schwieg aber Gott sei Dank – wollte ihm sagen, daß dasselbe Motiv, das Bild, das er in seinem Traum gesehen hatte, auch Murnaus »Faust« eröffnet (»Faust« war 1926 Murnaus letzter Film in Deutschland gewesen; der letzte vor dem amerikanischen »Sunrise«). Das Stummfilmbild Murnaus im »Faust« zeigt eine *nigredo* (eine Schwärzung des Stoffs, der gewandelt werden soll): Mephistopheles, riesig am Himmel, breitet seinen Mantel über die ins Dunkel sinkende Stadt.

Aber was sollte ich Meahan damit? Ich schwieg, denn er hatte das ja alles *erfahren*.

»Hab einen Sonnenuntergang daraus gemacht, als ich's dann übermalte«, sagte Meahan plötzlich. »Ich muß verrückt gewesen sein. War ich ja auch, wußte manchmal nicht mehr, wo mir der Kopf stand. Und Nancy, *God bless her*, hat ihn dann noch gelobt, meinen ›Sonnenuntergang‹!«

Als die Sonne im Ozean zu verschwinden begann – wir waren quer über den Strand zurückspaziert, waren schon auf dem Speedway, der Jonathan Club hinter uns, da erzählte ich beiden von »Le Rayon Vert«, einem Film von Eric Rohmer, der einer neurotischen Pariserin an einen Strandort folgt, wo sie ein paar ruhige Ferientage verbringen soll. Der Name der französischen Schauspielerin fiel mir nicht mehr ein, aber ich hielt ihre Nervosität damals aus – das Hin und Her, ihre Unfähigkeit, sich zu entscheiden, was und wohin sie eigentlich wollte –, weil sie einer ehemaligen Freundin ähnlich sah, von der ich gern wieder gehört hätte. Hier war sie zu sehen, die Freundin, quasi von Rohmer besetzt, hilflos am Strand. Jemand – ich glaube, es war ein junger Mann im Zug, hatte ihr geraten, beim Sonnenuntergang am Strand unbedingt auf den »rayon vert« zu warten, den grünen Strahl, das »grüne Leuchten«, das sich da einstellen werde, ganz am Schluß.

»Ein grüner Strahl?« meinte Meahan, davon habe er noch nie gehört. Das gebe es wohl nur in Frankreich, *over there in* »*Can-Can-land*«.

»Müßte auch hier möglich sein«, sagte ich und erklärte, so gut ich konnte, die physikalischen Hintergründe des Phänomens.

Meahan und Nina hörten mir zu, als sei es verrückte »fiction«, eben: Kino – nein, noch verrückter: *französisches* Kino, von dem ich da erzählte.

»Le Rayon Vert«, lachte Meahan.

»Nein-nein«, sagte ich, es sei wahr, keine Erfindung der Franzosen. Im Film warte die Schauspielerin ganz lange darauf – ich vergaß sogar, daß sie meiner Freundin ähnlich sah, weil ich *auch* darauf wartete und, wie sie, mein Augenmerk auf die untergehende Sonne gerichtet hatte, den *rayon vert* sehen wollte. Und dann sei er, ganz kurz, auch zu sehen gewesen, am Ende des Films.

»Sure«, grinste Meahan und sah mich an, als wolle er sagen: Na, hör mal, *wie* lange lebst du jetzt schon in Hollywood?

»Könnte ein Trick gewesen sein«, meinte Nina, die, diplomatisch, nur zu bedenken gab, statt mir zu widersprechen.

»Das war ein Filter«, konstatierte Meahan, »ist doch klar.« Er habe hier in Santa Monica schon hunderte prächtiger Sonnenuntergänge gesehen. »Hunderte sicher, nicht wahr, Nina? Fünf- bis sechshundert, schätze ich mal«, sagte er. »Und zu jeder Jahreszeit. Aber nie einen...« – Meahan sprach die Silben genüßlich, als bestelle er Dessert: »... Le rayon vert«.

»Es ist aber«, sagte ich, »wenn man's bedenkt, eine schöne Vorstellung – wenigstens *das*, müßt ihr zugeben –, ein ungeheurer Einfall Rohmers, daß es nämlich... vor dem völligen Dunkel... noch einmal grünt, noch einmal grünen könnte. Wie ein letztes Versprechen ist das, ein Versprechen im Augenblick der Auflösung, des Untergangs. Die Alchemisten hatten das Grün, wenn sie es am Stoff in ihrer Retorte entdeckten, als *benedicta viriditas* bezeichnet – als ›gesegnetes Grün‹ – weil es nach der Schwärzung kam, nach tiefster Depression, und anzeigte, daß dem Alchemisten eine Wandlung gelungen war, Hoffnung, aus langer Nacht geboren, und das Werk nun gesegnet war.«

Als wir dabei waren, den Strand zu verlassen – auf jene Brücke zu, die über den Highway zur Idaho hinauf auf die Bluffs führte, hielten wir doch noch: den roten Ball gänzlich versinken zu sehen.

Was ich erzählt hatte, ging ihnen durch den Kopf, das war zu spüren. Denn als der Sonnenuntergang sich dem Ende näherte, blieben sie stehen, warteten, auch die letzten Sekunden nicht zu versäumen. Ich glaube, sie warteten, um zu sehen, ob sie ein Leben lang etwas versäumt haben könnten... Warteten, um zu sehen – würde ich heute sagen –, ob wir ein Leben lang etwas gelebt haben könnten, die verschlüsselte Antwort auf eine Frage *gelebt* haben könnten, um sie jetzt, endlich, als Wahrheit zu begreifen.

Und da, in der letzten Sekunde vor dem völligen Eintauchen der Sonne im Meer, erschien er.

Der grüne Strahl.

Er zeigte sich – und ich hörte Nina und Meahan aufschreien vor Freude, wie Kinder.

»Cool, cool, so cool!« rief Nina.

Meahan war sprachlos, ein wenig bleich im Gesicht, als hätte ich gezaubert.

»Mann, jetzt bin ich sechzig. Sechzig Jahre alt! Aber sowas... hab ich noch nie gesehen.«

Könnte man also vom Kino doch lernen? Und nicht nur Kino?

Dann wäre Hoffnung auf künftige Sonnenaufgänge, wäre Sicht auf die *ultima viriditas*, das letzte Grün, dessen Segen durchs Dunkel des Untergangs führt.

Is it true? hat man Orson Welles oft gefragt – und der Zauberer in ihm war angesprochen, das war klar.

Die Psyche aber »zaubert« nicht. Die Natur zaubert nicht.

It's all *true*.

Anmerkungen

I Im Augenblick

Rede zum Literaturpreis der Konrad-Adenauer-Stiftung; Weimar, 22. 6. 2003. Abgedruckt in FAZ vom 19. 7. 2003. u. KAS-Broschüre »Literaturpreis 2003«. In diesem Band mit wenigen Änderungen.

II Traum und Alchemie

Erste Vorlesung der Heidelberger Poetikdozentur, 28. 10. 2004

1 Koagulieren: verfestigen. – In seiner Einleitung zu »Anatomy of the Psyche« schreibt Edinger: »Wie Jung gezeigt hat, ist die alchemistische Symbolik größtenteils ein Produkt der unbewußten Psyche. (...) Was die Alchemie für die Psychotherapie so wertvoll macht, ist, daß ihre Bilder die Wandlungserfahrungen konkretisieren, die man in der Psychotherapie durchlebt. Im ganzen genommen, bietet die Alchemie eine Art Anatomie der Individuation.«

2 Die Stelle bei C. G. Jung lautet: »Wenn der projizierte Konflikt geheilt werden soll, so muß er in die Seele des Einzelnen zurückkehren, wo er unbewußterweise seinen Anfang genommen hat. Wer dieses Unterganges Herr werden will, der muß ein Abendmahl mit sich selber feiern und sein eigenes Fleisch und Blut essen und trinken, das heißt in sich den anderen erkennen und annehmen können. Bleibt er aber bei seiner Einseitigkeit, so werden sich zwei Löwen gegenseitig zerreißen. Das ist wohl der Sinn der Lehre Christi, daß einer seine Kreuzeslast auf sich nehme. Wenn aber einer sich selbst zu tragen hat, wie wird er einen anderen noch zerreißen können?«
Carl Gustav Jung: Mysterium Coniunctionis. Untersuchungen über die Trennung und Zusammensetzung der seelischen Gegensätze in der Alchemie. In: Carl Gustav Jung: Gesammelte Werke. Solothurn, Düsseldorf 1995. Bd. 14/2, S. 119-120.

III Suspense

Zweite Vorlesung der Heidelberger Poetikdozentur, 4. 11. 2004

3 Die Endsequenz von »City Lights« wird in »Meine Reise zu Chaplin« (S. 57-65) nacherzählt.

4 Siehe die dritte der Frankfurter Poetikvorlesungen (»Ins Tal der Schatten«, S. 77-111).
5 Diese Endsequenz (ohne die Hauptdarsteller) – die meine Erinnerung hier enorm verkürzt und im faktischenDetail auch verfälscht – dauert bei Antonioni ganze sieben Minuten. Ich habe meine Zeilen im nachhinein dennoch nicht korrigiert, weil es mir in der Vorlesung um die Vermittlung des Eindrucks ging, den jenes Ende in mir hinterließ. An diesem Eindruck hat sich auch heute – die DVD der »Criterion Collection« erschien in den USA am 15. 3. 2005 – nichts wesentlich verändert.

IV Sonnenuntergang

Dritte Vorlesung der Heidelberger Poetikdozentur, 11. 11. 2004

6 Natürlich läßt sich mein Traum von Lou auch auf der Subjekt-Stufe interpretieren. »Lou« wäre dann ein Aspekt des »Rex«, der bis dato in mir bestimmend gewesen war, nun aber »am Ende« ist, seinen Umschlag an die Anima abgibt, ein »Manuskript« hinüberreicht – *for safekeeping* im Unbewußten. Das könnte anspielen auf »Starlite Terrace«, das Buchprojekt, das ich damals – des Umzugs wegen – unterbrechen mußte; das also »sicher aufgehoben« sein sollte. Die Dominante, die abdankt – »Lou« – ist stark mit meiner Zeit im Valley assoziiert, mit über 20 Jahren Leben in einem Apartment-Komplex, der dem in »Starlite Terrace« ähnelt. »Lou« muß abdanken, muß »sterben« – das wäre der Traumgedanke, der meine bewußte Einstellung, die sich nostalgisch ans Valley, an mein altes Leben klammern will, kompensierend korrigiert. Diese Interpretation ist eben *auch* möglich. Sie verstünde das Hinüberreichen des Wertes an die Anima, an das Unbewußte, als Bild für den Beginn einer Zeit vor der Wiederaufnahme der konzentrierten Arbeit am Buch, einer Phase, während der »das Manuskript« aufbewahrt würde – im Unbewußten. Aber auch die Interpretation auf der Objektstufe hat Gewicht: Lou Sederman verstarb tatsächlich kurz nach meinem Traum. Das Unbewußte, hieße das, drückt hier *beide Wirklichkeitsebenen gleichzeitig* aus: meine innere Realität und die Wirklichkeit außen: in ein und demselben Bild.
7 In Joan Osbournes Song »If God was One of Us« lautet die Stelle: What if God was one of us / Just a slob like one of us / Just a stranger on the bus / Trying to make his way home.

Literaturhinweise

He Kaine Diatheke / Novum Testamentum / Das Neue Testament / The New Testament. Hg. von: Carl G. W. Theile. Zürich 1981 [Nachdruck der Ausgabe von 1858].

Die Schrift. Aus dem Hebräischen von Martin Buber und Franz Rosenzweig. 4 Bde. Stuttgart 1992.

Das Neue Testament. Übersetzt von Friedolin Stier. München 1989.

Abt, Theodor: Interpretation of the Amduat in the Light of Alchemy. Vorlesungen am Forschungs- und Ausbildungszentrum für Tiefenpsychologie St. Niklausen 1998-2000 [unveröffentlicht].

Abt, Theodor: The Great Vision of Muhammad Ibn Umail. A supplement to Psychological Perspectives. Published by the C. G. Jung Institute of Los Angeles 2003.

Abt, Theodor/Hornung, Erik: Knowledge for the Afterlife. The Egyptian Amduat. A Quest for Immortality. Zürich 2003.

Augustinus, Aurelius: Bekenntnisse. Zweisprachige Ausgabe. Aus dem Lateinischen von Joseph Bernhart. Frankfurt a. M. 1987.

The Beatles Lyrics. Introduction by Richard Brautigan. New York 1975.

Birkhäuser, Peter: Licht aus dem Dunkel. Die Malerei von Peter Birkhäuser. Hg. von Kaspar Birkhäuser und Eva Wertenschlag. Basel, Boston, Berlin 1991.

Bogdanovich, Peter: Who the devil made it. New York 1997.

Edinger, Edward F.: The Creation of Consciousness: Jung's Myth for Modern Man. Toronto 1984. [Dt.: Schöpferisches Bewußtwerden. C. G. Jungs Mythos für den modernen Menschen. München 1986.]

Edinger, Edward F.: Anatomy of the Psyche: Alchemical Symbolism in Psychotherapy. La Salle, Illinois 1985. [Dt.: Der Weg der Seele. Der psychotherapeutische Prozeß im Spiegel der Alchemie. München 1990.]

Edinger, Edward F.: The Eternal Drama. The Inner Meaning of Greek Mythology. Hg. von: Deborah A. Wesley. Boston 1994.

Edinger, Edward F.: Archetype of the Apocalypse. A Jungian study of the book of Revelation. La Salle, Illinois 1999.

Emerson, Ralph Waldo: Essays. Übersetzt von Harald Kiczka. Zürich 1982.

Eisner, Lotte: Murnau. Berkeley, Los Angeles 1973.

Franz, Marie-Louise von: Das Weibliche im Märchen. Stuttgart 1977.

Franz, Marie-Louise von: Alchemy. An Introduction to the Symbolism and the Psychology. Toronto 1980.

Franz, Marie-Louise von: Die aktive Imagination in der Psychologie C. G. Jungs. In: Marie-Louise von Franz: Psychotherapie. Erfahrungen aus der Praxis. Einsiedeln 1988.

Franz, Marie-Louise von: Psyche und Materie in Alchemie und moderner Wissenschaft. In: Marie-Louise von Franz: Psyche und Materie. Einsiedeln 1988.

Franz, Marie-Louise von: Über religiöse Hintergründe des Puer-Aeternus Problems. In: Marie-Louise von Franz: Psychotherapie. Erfahrungen aus der Praxis. Einsiedeln 1988.

Franz, Marie-Louise von: Der verwandelte Berserker. In: Marie-Louise von Franz: Archetypische Dimensionen der Seele. Einsiedeln 1994.

Franz, Marie-Louise von: Der Individuationsprozess. In: Marie-Louise von Franz: Archetypische Dimensionen der Seele. Einsiedeln 1994.

Franz, Marie-Louise von: C. G. Jung. Sein Mythos in unserer Zeit. Zürich, Düsseldorf 1996.

Franz, Marie-Louise von: Traum und Tod. Was uns die Träume Sterbender sagen. Zürich, Düsseldorf 1999.

Goethe, Johann Wolfgang: Novelle. In: Johann Wolfgang Goethe. Sämtliche Werke. Briefe, Tagebücher und Gespräche. I. Abteilung Bd. 8 [= Die Leiden des jungen Werthers. Die Wahlverwandtschaften. Kleine Prosa. Epen]. Hg. von Waltraud Wiethölter. Frankfurt a. M. 1994. S. 533-555.

Graves, Robert: The Greek Myths. 2 Bde. Baltimore, Maryland 1960. [Dt.: Griechische Mythen. Quellen und Deutung. 2 Bde. Reinbek bei Hamburg 1960.]

Hannah, Barbara: Begegnungen mit der Seele. Aktive Imagination. München 1985.

Isler, Gotthilf: Die Sagen vom Wilden Jäger und von der Wilden Jagd im Alpengebiet. Eine psychologische Annäherung. Küsnacht 1996 [= Jungiana A, Bd. 6].

Isler, Gotthilf: Lumen Naturae. Zum religiösen Sinn von Alpensagen. Vorträge und Aufsätze. Küsnacht 2000.

Jung, Carl Gustav: Gesammelte Werke. Bde. 1-20. Solothurn, Düsseldorf 1995.
– Symbole der Wandlung. GW 5
– Typenlehre. Und: Definitionen. GW 6
– Synchronizität als ein Prinzip akausaler Zusammenhänge. GW 8
– Aion. Beiträge zur Symbolik des Selbst. GW 9/2
– Wotan. GW 10
– Antwort auf Hiob. GW 11.
– Psychologie und Alchemie. GW 12
– Mysterium Coniunctionis. GW 14/1, 14/2
– Über die Grundlagen der analytischen Psychologie. Tavistock-Lectures. GW 18/1.
– Das Symbolische Leben. GW 18/1

Jung, Carl Gustav: Visions. Notes of the Seminar given 1930-1934. Hg. von C. G. Jung. 2 Bde. Princeton University Press, 1997 [Bollingen Series XCIX].

Jung, Carl Gustav: Traumanalyse. Nach Aufzeichnungen der Seminare 1928 bis 1930. Hg. von William McGuire. Übersetzt von Brigitte Stein. Olten, Freiburg i. Br. 1991.

Jung, Carl Gustav, Franz, Marie-Louise von, Henderson, Joseph L., Jacobi, Jolande, Jaffé, Aniela: Der Mensch und seine Symbole [1968]. Zürich, Düsseldorf [16]2003.

C. G. Jung im Gespräch. Interviews, Reden, Begegnungen. Hg. von Robert Hinshaw und Lela Fischli. Zürich 1986.

Erinnerungen, Träume, Gedanken von C. G. Jung. Hg. von Aniela Jaffé. Düsseldorf 1997.

C. G. Jung: Briefe in drei Bänden. Hg. von Aniela Jaffé. Olten, Freiburg i. Br. 1990.

Jung, Emma, Franz, Marie-Louise von: Die Gralslegende in psychologischer Sicht. Zürich 1997.

Mayer, Carl: Sunrise – A Song of Two Humans (Sonnenaufgang – Lied von zwei Menschen). Drehbuch mit handschriftlichen Bemerkungen von Friedrich Wilhelm Murnau [Fotomechan. Nachdruck]. Hg. vom Deutschen Institut für Filmgeschichte. Wiesbaden 1971.

Patai, Raphael: The Messiah Texts. New York 1979.

Schrader, Paul: Transcendental Style in Film. Berkeley 1972.

Tolstoj, Leo N.: Der Tod des Iwan Iljitsch. Aus dem Russischen von Gisela Drohla. Frankfurt a. M. 1985.

Truffaut, François: Hitchcock/Truffaut. Revised edition. New York 1984 [Dt.: Hitchcock. München 1999].

Wertenschlag-Birkhäuser, Eva: Fenster zur Ewigkeit. Die Malerei von Peter Birkhäuser. Eine tiefenpsychologische Deutung. Küsnacht 2001.

Wilder, Thornton: Three Plays. Our Town, The Skin of our Theeth, The Matchmaker. New York 1976.

Filmographie
(Zu »Ins Tal der Schatten« und
»Zur Stadt am Meer«)

A Place in the Sun. [*Ein Platz an der Sonne*] US 1951. 122 Min. Schwarzweiß. Regie: George Stevens. Buch: Michael Wilson, Harry Brown, nach dem Roman »An American Tragedy« von Theodore Dreiser. Kamera: William C. Mellor. Musik: Franz Waxman. Darsteller: Montgomery Clift, Elizabeth Taylor, Shelley Winters, Anne Revere.

All About Eve. [*Alles über Eva*] US 1950. 138 Min. Schwarzweiß. Regie und Buch: Joseph L. Mankiewicz. Kamera: Milton Krasner. Musik: Alfred Newman. Darsteller: Bette Davis, George Sanders, Anne Baxter, Celeste Holm, Thelma Ritter, Marilyn Monroe.

City Lights. [*Lichter der Großstadt*] US 1931. 87 Min. Schwarzweiß. Stummfilm. Regie, Buch und Musik: Charles Chaplin. Kamera: Rollie Totheroh. Darsteller: Charles Chaplin, Virginia Cherrill, Florence Lee, Harry Meyers.

Cops. US 1922. 20 Min. Schwarzweiß. Stummfilm. Regie und Buch: Buster Keaton. Darsteller: Buster Keaton, Virginia Fox.

Dial M for Murder. [*Bei Anruf Mord*] US 1954. 105 Min. Farbe. Regie: Alfred Hitchcock. Buch: Frederick Knott nach seinem Stück. Kamera: Robert Burks. Musik: Dimitri Tiomkin. Darsteller: Ray Milland, Grace Kelly, Robert Cummings.

Faust. Deutschland 1926. 116 Min. Schwarzweiß. Stummfilm. Regie: F. W. Murnau. Buch: Hans Kyser nach J. W. Goethe u. Christopher Marlowe. Kamera: Carl Hoffmann. Darsteller: Emil Jannings, Gösta Ekman, Camilla Horn, Yvette Guilbert, William Dieterle.

High Noon. [*Zwölf Uhr mittags*] US 1952. 85 Min. Schwarzweiß. Regie: Fred Zinnemann. Buch: Carl Foreman, nach der Geschichte »The Tin Star« von John W. Cunningham. Kamera: Floyd Crosby. Musik: Dimitri Tiomkin. Darsteller: Gary Cooper, Grace Kelly, Thomas Mitchell, Lloyd Bridges, Katy Jurado, Otto Kruger, Lon Chaney, Henry Morgan.

Il Vangelo Secondo Matteo. [*Das 1. Evangelium Matthäus*] Italien/Frankreich 1964. 142 Min. Schwarzweiß. Regie und Buch: Pier Paolo

Pasolini. Kamera: Tonino delli Colli. Musik: Bach, Mozart, Prokofiev. Darsteller: Enrique Irazoqui, Susanna Pasolini, Mario Socrate.

It's All True. 1942. Schwarzweiß und Farbe. Unvollendeter Episodenfilm von Orson Welles, den er nach Abschluß der Dreharbeiten zu »The Magnificent Ambersons« (1942) in Brasilien zu drehen begann.

It's All True – Based on an unfinished film by Orson Welles. US 1993. 87 Min. Schwarzweiß und Farbe. Regie: Richard Wilson, Myron Meisel, Bill Krohn.

Key Largo. [*Gangster in Key Largo*] US 1948. 101 Min. Schwarzweiß. Regie: John Huston Buch: Richard Brooks, John Huston Kamera: Karl Freund. Musik: Max Steiner. Darsteller: Humphrey Bogart, Lauren Bacall, Claire Trevor, Edward G. Robinson, Lionel Barrymore, Thomas Gomez, Marc Lawrence.

Khaneh-ye doost kojast? [*Wo ist das Haus meines Freundes?*] Iran 1989. Regie und Buch: Abbas Kiarostami. Kamera: Farhad Saba. Musik: Amine Allah Hessine. Darsteller: Babek Ahmed Poor, Ahmed Ahmed Poor, Kheda Barech Defai, Iran Outari, Ait Ansari, Mohamed Hocine Rouhi.

L'Eclisse. [*Liebe 1962*] Italien/Frankreich 1962. 125 Min. Schwarzweiß. Regie: Michelangelo Antonioni. Buch: Antonioni und Tonino Guerra, Elio Bartolini, Ottiero Ottieri. Kamera: Gianni di Venanzo. Musik: Giovanni Fusco. Darsteller: Monica Vitti, Alain Delon, Francisco Rabal.

Le Rayon Vert. [*Das Grüne Leuchten*] Frankreich 1985. 98 Min. Farbe. Regie: Eric Rohmer. Buch: Marie Riviere, Eric Rohmer. Kamera: Sophie Maintigneux. Musik: Jean-Louis Valero. Darsteller: Marie Riviere, Amira Chemakhi, Sylvie Richez, Lisa Heredia, Basile Gervaise, Virginie Gervaise.

My Darling Clementine. [*Tombstone*] US 1946. 98 Min. Schwarzweiß. Regie: John Ford. Buch: Samuel G. Engel, Winston Miller, nach dem Buch »Wyatt Earp, Frontier Marshal« von Stuart N. Lake. Kamera: Joe MacDonald. Musik: Cyril Mockridge. Darsteller: Henry Fonda, Victore Mature, Walter Brennan, Linda Darnell, Cathy Downs, Tim Holt, Ward Bond, Alan Mowbray, John Ireland, Jane Darwell.

Nostalghia. Italien 1983. 126 Min. Farbe. Regie: Andrej Tarkovskij. Buch: Andrej Tarkovskij, Tonino Guerra. Kamera: Guiseppe Lanci. Darsteller: Oleg Jankovsky, Erland Josephson, Domiziana Giordano.

Our Town. [*Unsere kleine Stadt*] US 1940. 90 Min. Schwarzweiß. Regie: Sam Wood. Buch: Thornton Wilder, Frank Craven, Harry Chantlee, nach T. Wilders Bühnenstück. Kamera: Bert Glennon. Musik: Aaron Copland. Darsteller: Frank Craven, William Holden, Martha Scott, Thomas Mitchell, Fay Bainter, Guy Kibbee, Beulah Bondi, Stuart Erwin.

Our Town. US 2003. 120 Min. Farbe. PBS Pictures. Regie: James Naughton. Buch: Thornton Wilder. Kamera: Phil Abraham. Musik: John Oddo. Darsteller: Paul Newman, Maggie Lacey, Ben Fox, Frank Converse, Jayne Atkinson, Jeffrey DeMunn, Jane Curtin, Stephen Spinella, Mia Dillon.

Rear Window. [*Das Fenster zum Hof*] US 1954. 112 Min. Farbe. Regie: Alfred Hitchcock. Buch: John Michael Hayes, nach einer Novelle von Cornell Woolrich. Kamera: Robert Burks. Musik: Franz Waxman. Darsteller: James Stewart, Grace Kelly, Wendell Corey, Thelma Ritter, Raymond Burr.

Sabotage. GB 1936. 77 Min. Schwarzweiß. Regie: Alfred Hitchcock. Buch: Charles Bennett nach »The Secret Agent« von Joseph Conrad. Kamera: Bernhard Knowles. Musik: Louis Levy. Darsteller: Sylvia Sidney, Oscar Homolka, Desmond Tester, John Loder.

Smultronstället. [*Wilde Erdbeeren*] Schweden 1957. 93 Min. Schwarzweiß. Regie und Buch: Ingmar Bergman. Kamera: Gunnar Fischer. Musik: Erik Nordgren. Darsteller: Victor Sjöström. Ingrid Thulin, Gunnar Björnstrand, Bibi Anderson.

Sunrise. US 1927. 97 Min. Schwarzweiß. Stummfilm. Regie: F. W. Murnau. Buch: Carl Meyer nach Hermann Sudermanns Novelle »Die Reise nach Tilsit«. Kamera: Karl Struss, Charles Rosher. Darsteller: Janet Gaynor, George O'Brien, Margaret Livingston.

The Dead. [*Die Toten*] GB 1987. 83 Min. Farbe. Regie: John Huston. Buch: Tony Huston, nach der gleichnamigen Kurzgeschichte in »Dubliners« von James Joyce. Kamera: Fred Murphy. Musik: Alex North. Darsteller: Anjelica Huston, Donal McCann, Rachel Dowling, Cathleen Delany, Dan O'Herlihy, Helena Carroll, Donal Donnelly.

The Magnificent Ambersons. [*Der Glanz des Hauses Amberson*] US 1942. 88 Minuten. Schwarzweiß. Regie und Buch: Orson Welles nach dem Roman von Booth Tarkington. Kamera: Stanley Cortez. Musik: Bernard Herrmann. Darsteller: Joseph Cotton, Dolores Costello, Agnes Moorehead, Tim Holt, Anne Baxter, Ray Collins, Richard Bennett, Erskine Sanford, Donald Dillaway.

The Maltese Falcon. [*Der Malteser Falke*] US 1941. 101 Min. Schwarzweiß. Regie und Buch: John Huston. Kamera: Arthur Edeson. Musik: Adolph Deutsch. Darsteller: Humphrey Bogart, Mary Astor, Sidney Greenstreet, Elisha Cook Jr., Barton MacLane, Lee Patrick, Peter Lorre, Gladys George, Ward Bond, Jerome Cowan.

The Matrix. US 1999. 136 Min. Farbe. Regie und Buch: Andy Wachowski, Larry Wachowski. Kamera: Bill Pope. Musik: Paul Barker, Don Davis. Darsteller: Keanu Reeves, Laurence Fishburne, Carrie-Anne Moss, Hugo Weaving, Gloria Foster, Joe Pantoliano, Marcus Chong.

The Treasure of the Sierra Madre. [*Der Schatz der Sierra Madre*] US 1948. 126 Min. Schwarzweiß. Regie und Buch: John Huston, nach dem Roman von B. Traven. Kamera: Ted McCord. Musik: Max Steiner. Darsteller: Humphrey Bogart, Walter Huston, Tim Holt, Alfonso Bedoya, John Huston, Bruce Bennett, Barton MacLane.

The Wrong Man. [*Der falsche Mann*] US 1957. 107 Min. Schwarzweiß. Regie: Alfred Hitchcock. Buch: Maxwell Anderson, Angus McPhail, nach »The True Story of Christopher Emmanuel Balestrero« von Maxwell Anderson. Kamera: Robert Burks. Musik: Bernard Herrmann. Darsteller: Henry Fonda, Vera Miles, Anthony Quale, Harold J. Stone, Esther Minciotti.

Vertigo. [*Aus dem Reich der Toten*] US 1958. 128 Min. Farbe. Regie: Alfred Hitchcock. Buch: Alec Coppel, Samuel Taylor, nach dem Roman »D'entre les morts« von Boileau und Narcejac. Kamera: Robert Burks. Musik: Bernard Herrmann. Darsteller: James Stewart, Kim Novak, Barbara Bel Geddes, Tom Helmore.

Inhalt

I
Im Augenblick
9

II
Traum und Alchemie
21

III
Suspense
47

IV
Sonnenuntergang
75

Anmerkungen
103

Literaturhinweise
105

Filmographie
109

Der Autor dankt Kaspar Birkhäuser für die großzügige Unterbringung im Binninger Haus und Atelier Peter Birkhäusers von Juli bis September 2004, für das Refugium beim Freund in der Schweiz während der Arbeit an den Heidelberger Vorlesungen.

Patrick Roth
im Suhrkamp und im Insel Verlag

Corpus Christi. st 3064. 180 Seiten

Ins Tal der Schatten. Frankfurter Poetikvorlesungen.
es 2277. 176 Seiten

Johnny Shines oder Die Wiedererweckung der Toten.
Seelenrede. Gebunden und st 2783. 163 Seiten

Magdalena am Grab. IB 1234. 56 Seiten

Meine Reise zu Chaplin. Ein Encore.
Gebunden und st 3439. 98 Seiten

Die Nacht der Zeitlosen. 152 Seiten. Gebunden.
st 3682. 160 Seiten

Resurrection. Die Christus-Trilogie. Riverside – Johnny
Shines oder Die Wiedererweckung der Toten – Corpus
Christi. Drei Romane in Kassette. Mit Hörkassette »Die L.A.
Lesung«. st 3457. 436 Seiten

Riding with Mary. 10mal Sehnsucht. st 3537. 463 Seiten

Riverside. Christusnovelle. st 2568. 93 Seiten

Riverside. Christusnovelle. Text und Kommentar. Kommentar: Grete Lübbe-Grothues. SBB 62. 130 Seiten

Starlite Terrace. 166 Seiten. Gebunden

Zur Stadt am Meer. Heidelberger Poetikvorlesungen.
es 2411. 100 Seiten

Frankfurter Poetik-Vorlesungen
im Suhrkamp Verlag

Die Gastdozentur für Poetik an der Johann Wolfgang Goethe-Universität in Frankfurt/Main wurde zum ersten Mal im Wintersemester 1959/60 vergeben. Erste Dozentin war Ingeborg Bachmann. Diese Tradition wurde 1968 unterbrochen und 1979 vom Suhrkamp Verlag und der Universität mit Uwe Johnson fortgesetzt.

Uwe Johnson. Begleitumstände. Mit Fotografien.
es 1820. 464 Seiten (1979)

Adolf Muschg. Literatur als Therapie? Ein Exkurs über das Heilsame und das Unheilbare. es 1065. 204 Seiten (1979/80)

Peter Rühmkorf. agar agar – zaurzaurim. Zur Naturgeschichte des Reims und der menschlichen Anklangsnerven. es 1307. 185 Seiten (1980)

Martin Walser. Selbstbewußtsein und Ironie.
BS 1222. 213 Seiten (1980/81)

Paul Nizon. Am Schreiben gehen. Mit Abbildungen.
es 1328. 137 Seiten (1984)

Hermann Lenz. Leben und Schreiben. es 1425. 168 Seiten (1986)

Hans Mayer. »Gelebte Literatur«. es 1427. 119 Seiten (1986/87)

Peter Sloterdijk. Zur Welt kommen – Zur Sprache kommen.
es 1505. 175 Seiten (1988)

Christoph Meckel. Von den Luftgeschäften der Poesie.
es 1578. 119 Seiten (1988/89)

Jurek Becker. Warnung vor dem Schriftsteller. es 1601. 90 Seiten
(1989)

Karl Dedecius. Poetik der Polen. es 1690. 135 Seiten (1990/91)

Bodo Kirchhoff. Legenden um den eigenen Körper. Mit Abbildungen. es 1944. 182 Seiten (1994/95)

Dieter Wellershoff. Das Schimmern der Schlangenhaut. Existentielle und literarische Aspekte des literarischen Textes.
es 1991. 142 Seiten (1995/96)

Marlene Streeruwitz. Können. Mögen. Dürfen. Sollen.
Wollen. Müssen. Lassen. es 2086. 140 Seiten (1997/98)

Hans-Ulrich Treichel. Der Entwurf des Autors.
es 2193. 117 Seiten (1999/2000)

Patrick Roth. Ins Tal der Schatten. Mit CD.
es 2277. 176 Seiten (2001/2002)

Elisabeth Borchers. Lichtwelten. Abgedunkelte Räume.
es 2324. 160 Seiten (2003)

Angela Krauß. Die Gesamtliebe und die Einzelliebe.
es 2389. 103 Seiten (2004)

Deutschsprachige Gegenwartsliteratur
in der edition suhrkamp
Eine Auswahl

Paul Brodowsky
- Milch Holz Katzen. es 2267. 72 Seiten

Esther Dischereit
- Joëmis Tisch. Eine jüdische Geschichte. es 1492. 122 Seiten
- Übungen, jüdisch zu sein. Aufsätze. es 2067. 150 Seiten

Dirk Dobbrow
- Alina westwärts / Paradies. Stücke und Materialien. es 3428. 204 Seiten
- Late Night. Legoland. Stücke und Materialien. es 3403. 204 Seiten
- Der Mann der Polizistin. Roman. es 2237. 190 Seiten

Kurt Drawert
- Alles ist einfach. Stück in sieben Szenen. es 1951. 116 Seiten
- Haus ohne Menschen. Zeitmitschriften. es 1831. 120 Seiten
- Privateigentum. Gedichte. es 1584. 138 Seiten
- Rückseiten der Herrlichkeit. Texte und Kontexte. es 2211. 256 Seiten
- Spiegelland. Ein deutscher Monolog. es 1715. 157 Seiten
- Steinzeit. es 2151. 160 Seiten

Oswald Egger
- Herde der Rede. Poem. es 2109. 380 Seiten
- Nichts, das ist. Gedichte. es 2269. 160 Seiten

Werner Fritsch
- Aller Seelen. Golgatha. Stücke und Materialien.
  es 3402. 200 Seiten
- CHROMA. EULEN:SPIEGEL. Stücke und Materialien.
  es 3419. 201 Seiten
- Es gibt keine Sünde im Süden des Herzens. Stücke.
  es 2117. 302 Seiten
- Fleischwolf. Gefecht. es 1650. 112 Seiten
- Die lustigen Weiber von Wiesau. Stück und Materialien.
  es 3400. 189 Seiten
- Schwejk? Hydra Krieg. Stücke und Materialien.
  es 3437. 224 Seiten
- Steinbruch. es 1554. 53 Seiten

Rainald Goetz
- Celebration. Texte und Bilder zur Nacht. es 2118. 286 Seiten

Dieter M. Gräf
- Rauschstudie. Vater + Sohn. Gedichte. es 1888. 86 Seiten

Durs Grünbein
- Grauzone morgens. Gedichte. es 1507. 93 Seiten
- Warum schriftlos leben? Aufsätze. es 2435. 122 Seiten

Norbert Gstrein
- Anderntags. Erzählung. es 1625. 116 Seiten
- Einer. Erzählung. es 1483 und es 2423. 118 Seiten

Katharina Hacker
- Morpheus oder Der Schnabelschuh. es 2092. 126 Seiten
- Tel Aviv. Eine Stadterzählung. es 2008. 145 Seiten

Johannes Jansen
- Halbschlaf. Tag Nacht Gedanken. es 2380. 85 Seiten

- heimat ... abgang ... mehr geht nicht. ansätze. mit zeichnungen von norman lindner. es 1932. 116 Seiten
- Reisswolf. Aufzeichnungen. es 1693. 67 Seiten
- Splittergraben. Aufzeichnungen II. Mit zahlreichen Abbildungen. es 1873. 116 Seiten
- Verfeinerung der Einzelheiten. Erzählung. es 2223. 112 Seiten

Angela Krauß
- Die Gesamtliebe und die Einzelliebe. Frankfurter Poetikvorlesungen. es 2389. 103 Seiten

Barbara Köhler
- Deutsches Roulette. Gedichte 1984-1989. es 1642. 85 Seiten
- Wittgensteins Nichte. vermischte schriften / mixed media. es 2153. 175 Seiten

Uwe Kolbe
- Abschiede. Und andere Liebesgedichte. es 1178. 82 Seiten

Ute-Christine Krupp
- Alle reden davon. Roman. es 2235. 140 Seiten
- Greenwichprosa. es 2029. 102 Seiten

Christian Lehnert
- Der Augen Aufgang. Gedichte. es 2101. 112 Seiten
- Der gefesselte Sänger. Gedichte. es 2028. 92 Seiten
- Ich werde sehen, schweigen, hören. es 2369. 100 Seiten

Jo Lendle
- Unter Mardern. es 2111. 99 Seiten

Thomas Meinecke
- The Church of John F. Kennedy. Roman. es 1997. 245 Seiten

Bodo Morshäuser
- Hauptsache Deutsch. es 1626. 205 Seiten
- Revolver. Vier Erzählungen. es 1465. 140 Seiten
- Warten auf den Führer. es 1879. 142 Seiten

José F. A. Oliver
- fernlautmetz. Gedichte. es 2212. 80 Seiten
- nachtrandspuren. Gedichte. es 2307. 128 Seiten

Albert Ostermaier
- Death Valley Junction. Stück und Materialien. es 3401. 111 Seiten
- Erreger / Es ist Zeit. Abriss. Stücke und Materialien. es 3421. 111 Seiten
- fremdkörper hautnah. Gedichte. es 2032. 100 Seiten
- Herz Vers Sagen. Gedichte. es 1950. 73 Seiten
- Katakomben. Auf Sand. Stücke und Materialien. es 3433. 144 Seiten
- Letzter Aufruf. 99 Grad. Stücke und Materialien. es 3417. 150 Seiten
- The Making Of. Radio Noir. Stücke. es 2130. 192 Seiten
- VATERSPRACHE. es 2436. 60 Seiten

Doron Rabinovici
- Credo und Credit. Einmischungen. es 2216. 160 Seiten
- Österreich. Berichte aus Quarantanien. Herausgegeben von Isolde Charim und Doron Rabinovici. es 2184. 172 Seiten
- Papirnik. Stories. es 1889. 134 Seiten

Ilma Rakusa
- Love after Love. Gedichte. es 2251. 68 Seiten

Patrick Roth
- Ins Tal der Schatten. Frankfurter Poetikvorlesungen. Mit CD. es 2277. 120 Seiten

Christoph Schlingensief
- Schlingensiefs »Ausländer raus!« Bitte liebt Österreich. Herausgegeben von Matthias Lilienthal und Claus Philipp. es 2210. 272 Seiten
- Christoph Schlingensiefs ›Nazis rein‹. Herausgegeben von Thekla Heineke und Sandra Umathum. es 2296. 328 Seiten

Lutz Seiler
- pech & blende. Gedichte. es 2161. 90 Seiten
- Sonntags dachte ich an Gott. Aufsätze. es 2314. 140 Seiten

Silke Scheuermann
- Der Tag an dem die Möwen zweistimmig sangen. Gedichte. es 2239. 90 Seiten

Hans-Ulrich Treichel
- Der einzige Gast. Gedichte. es 1904. 71 Seiten
- Der Entwurf des Autors. Frankfurter Poetikvorlesungen. es 2193. 117 Seiten
- Liebe Not. Gedichte. es 1373. 79 Seiten
- Über die Schrift hinaus. Essays zur Literatur. es 2144. 241 Seiten

Jamal Tuschick
- Bis zum Ende der B-Seite. Roman. es 2333. 186 Seiten
- Kattenbeat. Roman in drei Stücken. es 2234. 180 Seiten
- Keine große Geschichte. Roman. es 2166. 200 Seiten

Christian Uetz
- Don San Juan. es 2263. 80 Seiten
- Das Sternbild versiegt. Gedichte. es 2376. 96 Seiten

Anne Weber
- Ida erfindet das Schießpulver. es 2108. 120 Seiten

»Erbschaft unserer Zeit«

Herausgegeben von Gary Smith

edition suhrkamp

Wolf Lepenies
Benimm und Erkenntnis
Über die notwendige Rückkehr der Werte
in die Wissenschaften
es 2018. 100 Seiten

Haben wir nach 1989 die Chancen für eine geistige Neuorientierung verpasst? »Weil sich im Osten alles ändert, waren wir überzeugt, dass im Westen alles bleiben würde, wie es war.« Längst aber leben wir in einer Zeit neuer Ungewissheiten. Wolf Lepenies skizziert am Beispiel von Arbeit, Demokratie und Wissenschaft drei Ungewissheiten unserer Zeit.

Wendy Doniger
Der Mann, der mit seiner eigenen Frau Ehebruch beging
Mit einem Kommentar von Lorraine Daston
Übersetzt von Christa Krüger und Robin Cackett
es 2102. 146 Seiten

»Doninger untersucht die Asymmetrie in der Verteilung der Geschlechterrollen; sie zieht dabei Foucault zu Rate und bisweilen Freud, lässt sich aber nie theoretisch einwickeln, sondern vertraut auf ihren gesunden, feministisch geschärften Menschenverstand.«
Frankfurter Rundschau

Carlo Ginzburg
Das Schwert und die Glühbirne
Übersetzt von Reinhard Kaiser
Mit zahlreichen Abbildungen
es 2103. 106 Seiten

»Picassos *Guernica* ist das berühmteste Antikriegsbild des 20. Jahrhunderts – und eines der am häufigsten interpretierten dazu. Carlo Ginzburg gewinnt ihm trotzdem noch eine neue und aufschlussreiche Deutung ab, die die angeblich offenkundige politische Botschaft des Bildes in Zweifel zieht.« *Süddeutsche Zeitung*

Helga Nowotny
Es ist so. Es könnte auch anders sein.
es 2104. 122 Seiten

»Helga Nowotny beschreibt das veränderte Selbstverständnis der Wissenschaften in einer allgemein verständlichen Sprache … Sie benennt zentrale Bereiche, über die sich die zeitgenössische Forschung nicht hinwegsetzen kann.« *Tages-Anzeiger*

Richard Rorty
Die Schönheit, die Erhabenheit und die
Gemeinschaft der Philosophen
Mit einem Kommentar von Albrecht Wellmer
Übersetzt von Christa Krüger und Jürgen Blasius
es 2149. 88 Seiten

Gegen den Vorwurf, er rede am Ende der Philosophie das Wort, entwirft Richard Rorty die Koordination einer »Gemeinschaft der Philosophen« und hält ein leidenschaftliches Pläydoyer für den philosophischen Diskurs: »Die Zivilisation schreitet nur deshalb voran, weil manche Leute willens sind, befremdliche, irrationale und verstörende Töne anzuschlagen.«

Henning Ritter
Die Fassaden am East River
Mit zahlreichen Abbildungen
es 2158. 96 Seiten

Welche Rolle spielt die moderne Kunst für die Demokratie? Um diese Frage zu beantworten, stellt Ritter eine These auf: Kunst ist nur dann im strengen Sinn modern, wenn sie über das bloß Zeitgenössische hinausweist und die revolutionären Impulse der Epoche vorprägt oder in sich aufnimmt.

Jan Assmann
Der Tod als Thema der Kulturtheorie
Todesbilder und Todesriten im Alten Ägypten
Mit einem Kommentar von Thomas Macho
Mit zahlreichen Abbildungen
es 2157. 128 Seiten

Die Kultur entspringt dem Wissen um die Sterblichkeit. So einförmig sich der Tod aus biologischer Perspektive ausnehmen mag, seine kulturelle Überformung und Bewältigung nimmt tausendfältige Gestalten an. Vielleicht wird es einmal eine kulturwissenschaftliche Thanatologie geben, die diese Gestalten untersucht. Jan Assmann liefert hierfür am Beispiel des Alten Ägypten die Vorarbeiten.

Peter Burke
Kultureller Austausch
Übersetzt von Burkhardt Wolf
es 2170. 112 Seiten

Wie wirkt sich die Globalisierung auf das kulturelle Leben aus? Droht eine Homogenisierung der Weltkultur oder eine kulturelle Zersplitterung? Peter Burke macht hinter diesen Tendenzen eine neue kulturelle Ordnung sichtbar, in der Bausteine des Alten in ein neues Muster eingefügt werden.

Stephen Greenblatt
Was ist Literaturgeschichte?
Übersetzt von Reinhard Kaiser
und Barbara Naumann
es 2171. 160 Seiten

Die Literaturgeschichte stellt Kriterien bereit, ob jemand zu einer privilegierten Klasse »dazugehört« oder nicht. In einem Text, der sich wie ein Wissenschaftskrimi liest, beschreibt Greenblatt den Weg der mittelalterlichen »Buchstabenwissenschaft« zur Literaturwissenschaft im heutigen Sinne.